會計法釋義

北島兼弘
石渡傳藏合著
德山銓一郎

明治二十三年出版

會計法釋義

日本立法資料全集　別巻　1222

信山社

北島兼弘
石渡傳藏合著
德山銓一郎

會計法釋義

東京
博聞社藏版

敘

讀法文者苦乎辭釋自古爲然至拘泥於理論與實踐或有所不適當而偏於實踐者亦或失理之真甚不爲偏而拘泥能得

其嘗留若干在世書字謹惟去歳
二月欽定憲法也先勅示會計
法言簡而旨深以吾不善究其所
由知其所向則見解要訛矣
歧路彷徨之憾抑余訂舊法

々国議有年於茲矣利便之徳
動泥於旧規拘於法文之事
則之經驗與其所以來疑議也
北島石渡德山之子奉職於会
討究以於事務而詳自與法

始發命來相謀攻習不怠參徹內外照校新舊遂編此書名曰會計法釋義讀者能會而通之則猶行客曉諳地理且得標識庶幾不誤其步武

欽因勅三子上之梓俾弁巻首

明治十三年三月大谷靖識并書

凡例

一本書ハ明治二十二年法律第四號ノ會計法ニ就キ其條文ノ大要ヲ解釋シ之レカ實施ノ手續ヲ講究スルヲ以テ主旨トセリ

一憲法其他行政諸規則等關係ノ法令ハ各關係ノ條項ニ挿入シ其浩瀚ニ渉ルモノ若クハ各條項ニ挿入スヘカラサルモノハ卷尾ニ附錄シ以テ參看ニ便ス

一本書ハ公務ノ餘暇倉卒稿ヲ脱ス其誤謬蓋シ少々ナラサルヘシ看官幸ニ是正ノ榮ヲ賜ヘ

明治二十三年二月

著者識

會計法釋義目次

會計法

附錄

會計法釋義

北島兼弘
石渡傳藏　合著
德山銓一郎

會計法

第一章　總則

第一條　政府ノ會計年度ハ毎年四月一日ニ始マリ翌年三月三十一日ニ終ル
一會計年度所屬ノ歳入歳出ノ出納ニ關ル事務ハ翌年度十一月三十日マテニ悉皆完結スヘシ

本條ハ會計年度ノ分界ト出納整理ノ期限ヲ示シタルモノナリ

年度ノ分界ハ會計上第一ノ必要ニシテ若シ之ナケレハ會計ノ整

理監督ニ道ナキナリ故ニ本條先ツ此分界ヲ定メ毎年四月ヨリ翌年三月ニ至ル一周年ヲ以テ一期限トス蓋シ會計年度ハ必スシモ毎一年ニ限ルニアラス或ハ毎半年若クハ毎二三年トスルヿヲ得ヘシ然レトモ歳入歳出トモニ多クハ一年ヲ以テ巡還スレハ各國トモニ滿一年トスルヲ例トス即チ澳國露國瑞國白國等ハ一月一日ニ始マリ十二月三十一日ニ終リ英國獨國丁國等ハ四月一日ニ始マリ三月三十一日ニ終リ米國伊國西國葡國等ハ七月一日ニ始マリ六月三十日ニ終ル

會計年度ノ開期ハ收入最モ多キ時期ナラサルヘカラス若シ年度ノ始メニ國庫ノ資金不足スルトキハ大藏省證券ノ發行ヲ要スル多クシテ經費ヲ增加スルノ恐レアレトモ始メヨリ多額ノ資金ヲ有スルトキハ運轉上ニ便ナルノミナラス國債元金ノ如キ年度ノ始

メニ支出シ了リ爲メニ利子ヲ節約シ得ルカ如キノ利アリ本邦地租ノ第六期及ヒ酒造稅ノ第一期ハ四月中ニ國庫ニ入ルナリ又年度ノ開期ト議會ニ於ケル豫算議定ノ時ト隔離セサルヿモ要用ナリトス若シ豫算ノ議定ニシテ年度開期ヲ離ルヽヿ遠キトキハ精確ナル豫算ヲ得ルヿカタク實施ニ至リ增額流用ヲ要スルヿ多カルヘシ帝國議會ノ開期ハ未定ナレヒ若シ前年ノ十一月頃ナランニハ年度ノ開期ト甚タ遠カラスシテ豫算ノ精確ヲ得ヘシ

出納事務ノ完結トハ計算ノ完結ヲ云フナリ蓋シ先ツ仕拂命令ヲ止メサレハ金庫ヲ閉鎖スル能ハス金庫ヲ閉鎖セサレハ計算ヲ完結スル能ハス故ニ會計規則ハ其第四十四條ニ仕拂命令ノ發行ヲ翌年度六月三十日ニ限リ第三條ニ金庫ノ閉鎖ヲ翌年度八月三十一日ニ限リ又第百十九條ニ年度經過後八ケ月ノ末日ニ於テ大藏

省ニ備ヘタル主計簿締切リノヿヲ規定シテ之ヲ三段ニ分テリ此ノ如ク段階ヲ經ルニアラサレハ一時ニ完結スルヿ難シ本條ニ悉皆完結トアルハ此意ヲ示スモノニシテ漸次ニ整理シ十一月三十日ニ至リ一切完了スヘキヲ云フナリ此期限ハ會計ノ整理ニ缺クヘカラサルモノニシテ若シコレナケレハ會計上ノ混雜ヲ生スルヿ甚シク佛國ニ於テナポレオン第一世ノ𬻿一年度ノ支拂ヲ完結スルニ十年ノ歳月ヲ要セシヿアリシト云フ

參看

會計規則　明治二十二年四月三十日勅令第六十號

第一條　歳入ノ年度所屬ハ左ノ區分ニ據ル

第一　納期ノ一定シタル收入ハ其納期末日ニ屬スル年度

第二　隨時ノ收入ニシテ納額告知書ヲ發スルモノハ納額

告知書ヲ發シタル日ノ屬スル年度

第三　隨時ノ收入ニシテ納額告知書ヲ發セサルモノハ領收ヲ爲シタル日ノ屬スル年度

第二條　歲出ノ所屬年度ハ左ノ區分ニ據ル

第一　公債ノ元利賞勳年金恩給諸祿ノ類ハ仕拂期日ノ屬スル年度

第二　諸拂戾缺損補塡ハ其拂戾又ハ補塡ノ決定ヲ遂シタル日ノ屬スル年度

第三　俸給手數料旅費ノ類ハ其支給スヘキ事實ノ生シタルトキノ屬スル年度

第四　廳中雜費土木建築費其他物件ノ購入代價ノ類ハ契約ヲ爲シタル日ノ屬スル年度但土木建築費ノ如キ

契約ノ數年ニ渉ルコトヲ得ヘキモノハ契約ニ據リ定メタル仕拂期日ヲ以テ區分スヘシ

第五　前各項ニ揭クル類別ニ入ラサル費用ハ總テ仕拂命令ヲ發シタル日ヲ以テ年度ノ所屬ヲ定ムヘシ

第四十四條　各年度ニ屬スル經費ヲ精算シテ仕拂命令ヲ發スルハ翌年度六月三十日限リトス

第六十五條　各年度ニ屬スル定額戾入ノ要求ヲ爲スハ翌年度六月三十日ヲ過クルコトヲ得ス

第三條　每年度所屬歲入歲出金ヲ金庫ニ於テ出納スルハ翌年度八月三十一日限リトス

第百十九條　各年度經過後八ケ月ノ末日ニ於テ大藏大臣ハ會計檢查官立會ノ上ニテ大藏省ニ備ヘタル主計簿ヲ締切

ルヘシ

第二條　租税及其ノ他一切ノ收納ヲ歳入トシ一切ノ經費ヲ歳出トシ歳入歳出ハ總豫算ニ編入スヘシ

本條ハ歳入歳出ノ性質及其歳入歳出ハ總豫算ニ編入スヘキコヲ示シタルモノナリ

歳入豫算ニ總歳入純歳入ノ二法アリ純歳入トハ例ヘハ租税中ヨリ徴税費ヲ扣除シテ其餘ヲ歳入トスルカ如キ之レナリ純歳入ノ法ハ往古歐洲ニ於テ行ハレタル所ナレ𪜈此法ニテハ歳入歳出共ニ一部分ヲ見ル能ハサルノ不便アリ故ニ財政ノ宜シキヲ得セシムルニハ總歳入ノ法ニ依リ徴税費ノ如キハ之ヲ歳出ニ入ルヽニ如クハナシ本條一切ノ收納ヲ歳入トシ一切ノ經費ヲ歳出トスルトハ此總歳入ノ法ニ據レルモノナリ

又豫算書ノ調製ニ歳入歳出ノ性質ニ因リ分テ數個ノ豫算書トナスト一切ノ收支ヲ合シテ一個ノ豫算書トナストノ二法アリ然ルニ豫算ヲ數個ニ分ツトキハ歳計ノ全体ヲ見ルニ苦ミ會計ノ監督上不完全アルヲ免カレス本條總豫算ニ編入スヘシトハ後法ヲ取レルモノナリ

既ニ一切ノ收納ヲ歳入トシ一切ノ經費ヲ歳出トシ其歳入歳出ハ之ヲ總豫算ニ編入スヘシトセハ凡ソ政府ノ收入支出ハ悉皆總豫算ニ掲ケ決シテ漏ス所アルナシ故ニ一個ノ豫算書ヲ繙ケハ直ニ歳計ノ全体ヲ觀察スルヲ得ヘキモノトス但シ特別ノ須要ニ因リ本法第三十條ニ依リ特別會計ヲ設置セルモノニ在ツテハ此限リニアラサルナリ

ボリユー氏豫算ノ定義ヲ示シテ云ク豫算トハ一定ノ年月間ノ收

支ヲ豫定スル所ノモノニシテ受納スヘキ收入ト支出スヘキ經費トノ比較計算ナリト蓋シ一個人ニアッテハ毎年ノ收支大差ナクシテ豫算ヲ必要トセサルモ政府ノ收支ハ巨大ニシテ僅カニ計算ヲ誤ルモ忽チ多額ノ差違ヲ生スヘク一己人ノ收支ハ其痛痒ヲ感スルヿ直接ナルカ故ニ節儉スルヿ容易ナレトモ政府ノ收支ニ在ッテハ之レニ異ナリ其痛痒ヲ感スルヿ直接ナラスシテ浪費シ易キノ恐レアリ故ニ豫メ制限スル所ナカルヘカラス此レ政府ノ歳計ニ豫算ヲ必要トスル所以ナリ

第三條　各年度ニ於テ決定シタル經費ノ定額ヲ以テ他ノ年度ニ屬スヘキ經費ニ充ツルコトヲ得ス

本條ハ各年度ノ定額ハ其年度ニ屬スヘキ經費支辨ノ爲メニノミ供シ他年度ニ屬スヘキ經費ノ支辨ニ供スヘカラサルヿヲ示シタ

ルモノナリ

若シ一ノ年度ノ定額ヲ以テ他ノ年度ノ經費ニ充ツルトキハ會計年度及ヒ年度所屬ヲ定ムルノ目的全ク消滅シ豫算ノ議定モ其効ナク徒勞ニ屬スヘシ但シ過年度支出ノ如キ法律規則ニ據リ支出年度ヲ更メタルモノハ本條ノ限リニアラサルナリ

參看

會計規則

第六十條　各省大臣過年度ニ屬スル經費ヲ支出セントスルトキハ其金額及其所屬年度ノ豫算ニ定メタル區分、年度、支出ノ事由ヲ示シ大藏大臣ノ承認ヲ經ヘシ大藏大臣前項ノ承認ヲ爲シタルトキハ翌月十日以内ニ之レヲ會計檢査院ニ通知スヘシ

第六十一條　前條ニ據リ大藏大臣ノ承認ヲ經タル經費ヲ仕拂フ爲メ各省大臣ハ其承認ヲ經タル年度ノ各省定額ニ對シ仕拂命令ヲ發スヘシ

第六十二條　第六十條ニ據リ支出セントスル經費ノ金額ハ豫備金ヲ以テ補充シ得ヘキモノヽ外其經費所屬年度ノ豫算ニ於テ該經費ノ屬スル每項定額中不用トナリタル金額ヲ超過スヘカラス

第四條　各官廳ニ於テハ法律勅令ヲ以テ規定シタルモノヽ外特別ノ資金ヲ有スルコトヲ得ス

本條ハ法律勅令ニ由ルニアラサレハ別途ノ資金ヲ有スヘカラサルヿヲ示シタルモノナリ

抑モ法律勅令ヲ以テ許シタル資金ノ外ハ何等ノ名義何等ノ目的

ヲ問ハス一切其所有ヲ禁スルハ財政ノ秩序ヲ正確ニシ監督ノ効驗ヲ全フセンカ爲メニシテ各廳ノ歳出ハ豫算ノ定ムル所ニ據リ大藏省之ヲ支給シ各廳ニ於テ收入シタル歳入ハ大藏省へ納入スルヿ本法第十二條第二項及第十三條ニ規定スル所ニシテ此ノ他各廳ニ於テ收支スヘキ資金ヲ有スルノ必要モ理由モナキナリ往時佛國關稅本局ニ一ノ基金アリ大藏大臣議會共ニ之ヲ知ラス此ノ基金ヲ運轉利用シ其收入頗ル多ク局內ノ官吏並ニ諸部長ハ毎年各三萬フランク乃至三十萬フランクノ割賦ヲ得タリト云フ是レ官廳ノ隨意ニ資金ヲ有スルヨリ生スル惡弊ニシテ斯ル資金ヲ有シ豫算ノ不足ヲ補ヒ豫算外ノ支出ニ供シ或ハ交際費等ニ費消スルトキハ豫算ノ規定モ其效ナキニ至ラン故ニ本條之ヲ禁シタルナリ然レトモ備荒儲蓄ノ如キ事業ノ性質ニ據リ特別資金ノ必要ア

ル場合ハ法律又ハ勅令ヲ以テ規定セラレ一般ノ會計ト同一ノ監督ニ屬セラルヘキモノナリ

第二章　豫算

第五條　歳入歳出ノ總豫算ハ前年ノ帝國議會集會ノ始ニ於テ之ヲ提出スヘシ

本條ハ總豫算提出ノ期限ヲ示シタルモノナリ

前年トハ豫算所屬ノ年度ニ對シテ云フモノニシテ例ヘハ二十四年度ノ豫算ナレハ二十三年ノ議會ニ提出スルヲ云フナリ

ボリコー氏曰ク元來歳計豫算ノ起ル所以ハ國民ハ租税ノ徴收ヲ許否スルノ權ヲ有スルモノナリトスルニアリ方今諸國ニ於テ國會ヲ起シ政府ノ歳出入ヲ議セシムルモノハ天下ノ人皆ナ國民カ此權ヲ有スルモノト承認スルニ由ル故ニ其精細確實ナル歳出入

計算表ヲ以テ國民ノ代議士ニ示シ明カニ其然ル所以ノモノヲ知ラシメ以テ至當ノ同意ヲ得ント欲スルモノナリト國家財政ノ當否ハ直接ニ人民ノ利害ニ關スルカ故ニ憲法第六十四條ヲ以テ國家ノ歳出歳入ハ毎年豫算ヲ以テ帝國議會ノ協賛ヲ經ヘキヿヲ規定セラレタルナリ且ツ英國ノ如キ豫算案ニ關シテ上下兩院ノ間其權限ヲ異ニシ上院ハ只下院ノ議決ヲ通過スルニ過キス我邦ニ於テハ兩院ノ間別ニ權限ヲ異ニスルナシト雖モ憲法第六十五條ニ豫算ハ前ニ衆議院ニ提出スヘシトアリテ幾分カ重キヲ衆議院ニ置カレタルカ如シ而シテ本條集會ノ始メニ提出スヘキヿヲ規定シタルハ一ニハ其調査ヲ十分ナラシメンカ爲メニシテ若シ其提出ニシテ閉會ニ際シ怱卒議決ヲ爲サヽル可ラサルカ如キヿアラハ豫算ノ當否ヲ誤リ國家ノ不幸ヲ來タスヘク又一ニハ其議決

遲延シ年度開期ニ際スル如キアラハ忽チ政務ノ執行ニ差支ヲ生スヘケレハナリ
豫算調製ノ順序ハ豫算ノ當否ニ關スルモノナレハ茲ニ之ヲ附記スヘシ
歳入歳出豫算概定順序　明治廿二年三月廿七日閣令第十二號
第一條　歳入ノ事務管理廳ハ毎年度歳入概算書ヲ調製シ前々年度三月三十一日マテニ之ヲ大藏大臣ニ送付スヘシ
第三條　各省大臣ハ毎年度歳出概算書ヲ調製シ前々年度三月三十一日マテニ之ヲ大藏大臣ニ送付スヘシ
第五條　大藏大臣ハ各廳ノ歳入概算書及歳出概算書ヲ檢案シ歳入出ヲ對照調理シ歳入出總概算書ヲ調製シ前年度四月十五日マテニ之ヲ閣議ニ提出スヘシ

第七條　内閣ニ於テハ前年度四月三十日マテニ歳入出總概算書ヲ決定スヘシ

第八條　各省大臣ハ内閣ニ於テ決定シタル各省所管經費每項ノ概算額以内ニ於テ節約ヲ旨トシ每年度ノ各省豫定經費要求書ヲ調製シ前年度六月三十日マテニ之ヲ大藏大臣ニ送付スヘシ

參看

憲法　明治二十二年二月十一日

第六十四條　國家ノ歳出歳入ハ每年豫算ヲ以テ帝國議會ノ協賛ヲ經ヘシ

第六十五條　豫算ハ前ニ衆議院ニ提出スヘシ

第六十六條　皇室經費ハ現在ノ定額ニ依リ每年國庫ヨリ之

ヲ支出シ將來增額ヲ要スル場合ヲ除ク外帝國議會ノ協贊ヲ要セス

第六十七條　憲法上ノ大權ニ基ツケル既定ノ歲出及法律ノ結果ニ由リ又ハ法律上政府ノ義務ニ屬スル歲出ハ政府ノ同意ナクシテ帝國議會之ヲ廢除シ又ハ削減スルヿヲ得ス

第七十一條　帝國議會ニ於テ豫算ヲ議定セス又ハ豫算成立ニ至ラサルトキハ政府ハ前年度ノ豫算ヲ施行スヘシ

○會計規則

第四條　大藏大臣ハ歲入ノ景況ヲ調査シ各省ノ豫定經費要求書ニ基キ歲入歲出總豫算ヲ調製スヘシ

總豫算ノ首ニハ歲計全体ニ關スル說明ヲ付スヘシ

第五條　歲入豫算ハ經常臨時共ニ欵項ニ區分シテ調製シ成

ルヘク歳入ノ性質ヲ明示スヘシ
第六條　歳出豫算ハ經常臨時共ニ欵項ニ區分シテ調製シ成ルヘク經費ノ目的ヲ明ニスヘシ
第七條　歳入歳出總豫算欵項ノ區分ハ大藏大臣之ヲ定ムヘシ

第六條　歳入歳出ノ總豫算ハ之ヲ經常臨時ノ二部ニ大別シ各部中ニ於テ之ヲ款項ニ區分スヘシ
總豫算ニハ帝國議會參考ノ爲ニ左ノ文書ヲ添附スヘシ
第一　各省ノ豫定經費要求書但シ各項中各目ノ明細ヲ記入スヘシ
第二　其ノ年三月三十一日ニ終リタル會計年度

ノ歳入歳出現計書

本條ハ總豫算ノ區分及參考書類ノヿヲ示シタルモノナリ歳入歳出共ニ永久ノ性質ヲ有スルモノヲ經常トシ永久ノ性質ヲ有セスシテ一年又ハ數年ニ止マルモノヲ臨時トス即チ租稅及官有財產ノ收入ノ如キハ經常ノ歳入ニシテ官有財產拂下代ノ如キハ臨時ノ歳入ナリ又經常ノ歳出トハ帝室費國債費徵稅費裁判費其他一般ノ行政軍備等ノ費用ニシテ非常費土木建築費ノ如キハ臨時ノ歳出ナリトス

又歳入出ノ性質若クハ主管ヲ異ニシ獨立ヲ要スルモノヲ款トス例ヘハ租稅ト官有財產ノ收入ヲ別款トシ帝室費ト國債費トヲ別款トスルカ如シ款中種類ヲ異ニスルモノヲ項トス例ヘハ租稅中稅種ヲ異ニスル每ニ別項トシ又人員費ト物品費トヲ各別ニスル

カ如キ類ナリ

歳入出ヲ經常臨時ノ二部ニ大別スルハ永久ノ費用ト一時ノ費用トヲ混同スルヿナク歳計ノ觀察ニ便ナラシメンカ爲メニシテ經常ノ歳入ヲ以テ經常ノ費用ヲ支辨シ臨時ノ歳入ヲ以テ臨時ノ費用ヲ支辨スヘシト云フニアラス畢竟計算上ノ便ニ出ツルニ過キサルモノナレハ如何ナルモノヲ以テ經常トシ如何ナルモノヲ以テ臨時トスヘキカハ本法別ニ規定アルナシ

款項ハ所謂議決科目ナリ議決科目トハ議會カ其科目毎ニ一々採決スルモノニシテ政府カ隨意ニ其額ヲ動カス能ハサル所ノモノヲ云フ議決科目ノ粗大ニ失スルトキハ政府ノ爲メニ融通ノ便アレ𪜈議會ノ監督十分ナラサルノ憂アリ又細目ニ過クルトキハ政府其不便ニ苦マン實ニ議決科目ノ大小ハ立法行政兩權ノ消長ニ

關スルモノナレハ實際ノ宜シキニ從ハサルヘカラスシテ豫メ規矩ヲ以テシ難シ會計規則第七條ニ歳入歳出總豫算款項ノ區分ハ大藏大臣之ヲ定ムヘシトアリテ法律ヲ以テ區分ヲ定メス一ニ大藏大臣ニ任スルモノハ蓋シ實際ノ宜シキヲ得ンカ爲メナリ豫定經費要求書ハ各省大臣其所管ノ經費ヲ要求センカ爲メニ其經費ノ必要ヲ證明スルモノナリ議決科目ハ細密ニ失スヘカラサルカ故ニ款項ノミニテハ經費ノ成立ヲ明カニスル能ハサルヘシ故ニ要求書ニ於テ各項中各目ノ明細ヲ記入スルモノトナシ議會ヲシテ詳細ノ點ヲ知ルヲ得セシメ以テ濫費ノ弊ナカラシム
其年三月三十一日ニ終リタル年度ノ現計書トハ豫算書ノ年度ヨリ云ヘハ前々年度ニ當ル例ヘハ二十四年度ノ豫算ナレハ二十三年ノ議會ニ提出スルカ故ニ其年ノ三月三十一日ニ終リタル年度

ハ即チ二十二年度ナリ會計規則第十五條ニ八月三十一日ニ於ケル現計ヲ示スヘシトアリテ即チ出納閉鎖ノ日ノ現計ナレハ殆ント決算ト同樣ノモノナリ此ノ如キ最近年度ノ歳入歳出ノ形況ヲ知ルハ豫算調査上標準トナルモノニシテ此現計書ハ緊要ナル參考書ナリトス

參看

會計規則

第八條　各省大臣ハ每年度其所管經費ノ需用高ヲ算定シ前年度ノ定額ト比較ヲ立テ豫定經費要求書ヲ調製シ前年度六月三十日マテニ之ヲ大藏大臣ニ送付スヘシ

第九條　各省ノ豫定經費要求書ハ經常臨時共ニ款項ニ區分シ更ニ各項中所要ノ金額ヲ各目ニ區分シ尙ホ必要ノ場合

ニ於テハ番號ヲ以テ之ヲ細分シ又經費所要ノ理由計算ノ
基ク所ヲ示スヘシ
目ノ區分ハ各省大臣大藏大臣ト協議シテ之ヲ定ムヘシ

第十條　各省ノ豫定經費要求書ニハ各省所管經費全體ニ關スル説明及各款各項ノ説明ヲ付スヘシ

第十四條　會計法第六條ニ掲クル歳入歳出現計書ハ大藏省ニ備ヘタル主計簿ニ據リ大藏大臣之ヲ調製スヘシ

第十五條　歳入歳出現計書ニハ總豫算ニ定メタル區分ニ從ヒ其年三月三十一日ヲ以テ終リタル年度ニ屬スル歳入歳出ノ八月三十一日ニ於ケル左ノ事項ノ現計ヲ示スヘシ

歳入ノ部

歳入豫算額

調定濟歳入額
收入濟歳入額
收入未濟歳入額
歳出之部
歳出豫算額
豫算決定後增加歳出額
仕拂命令濟歳出額
翌年度繰越額

第七條　豫算中ニ設クヘキ豫備費ハ左ノ二項ニ分ツ
第一豫備金
第二豫備金
第一豫備金ハ避クヘカラサル豫算ノ不足ヲ補フモ

ノトス

第二豫備金ハ豫算外ニ生シタル必要ノ費用ニ充ツルモノトス

本條ハ憲法第六十九條ニ基キ豫算中ニ設クヘキ豫備費ノ區分ヲ示シタルモノナリ

避クヘカラサル豫算ノ不足ヲ補フトハ豫算ニ見積リアリトイヘトモ實際ニ臨ミ不足アリタルトキ之ヲ補足スルナリコノ補足ヲ得ルモノハ法律命令ノ結果ニ由リ生スル費途ニシテ他動ノ爲メニ不足ヲ生スルモノニ限ル例ヘハ官吏ノ死亡賜金囚徒食料或ハ被服費兵食費救助費等ノ如キ是ナリ會計規則第十八條ニヨレハ第一豫備金ヲ以テ補充シ得ヘキ費途ハ毎年度豫メ勅令ヲ以テ定メラルヽコトヽセラレタリ

豫算外ニ生シタル必要ノ費用トハ天災事變等豫知スヘカラサル非常臨時ノ費途ヲ云フ

元來經費中ニ費額ノ豫定シ得ヘキモノト豫定シ得ヘカラサルモノトノ二種アリ國債費官吏俸給ノ類ハ豫定シ得ヘキモノナレトモ恩給死亡賜金ノ如キハ受領ノ資格者死亡者ノ多少ニ由リ變動シテ豫定シ得ヘカラサルモノナリ殊ニ天變地異非常ノ事ニ至テハ全ク人力ヲ以テ前知スヘカラス此等豫定スヘカラサルモノヽ爲メニ豫算超過又ハ豫算外ノ支出ヲ生スルコナカラシメントセハ豫算ニ十分ナル餘裕ヲ見込ミ彼此流用シテ緩急相救ハサルヘカラス此ノ如キハ平生豫算ヲ誇大ニシ無用ノ費目ヲモ設クルノ憂アリ斯ル餘裕ヲ置カスシテ一切豫算超過又ハ豫算外ノ支出ヲ許サヽランカ政府之レカ不便ニ苦ムノミナラス大ニ社會ノ利益ヲ

損スルヿアルヘク又一々議會ヲ招集センカ或ハ其事急ニシテ招集ノ暇ナキモノアラン或ハ其事小ニシテ招集ノ價ナキモノアラン此レ豫備費ノ必要ヲ生スル所以ナリ但シ第一豫備ト第二豫備トハ大ニ異ナル所アリ第二豫備ハ全ク前知スヘカラサル非常ノ費途ニ充ツルモノナレハ豫算ト關係ナシト雖モ第一豫備ハ豫算ノ不足ヲ補充スルモノナレハ豫算ノ精確ヲ得ルニ從ヒ其必要ヲ減スヘキモノニシテ實際ニ於テ補充ノ途アルカ爲メニ豫算ヲ粗漏ニスルカ如キ弊ヲ生セサランヿヲ要スルナリ

參看

憲法

第六十九條　避クヘカラサル豫算ノ不足ヲ補フ爲ニ又ハ豫算ノ外ニ生シタル必要ノ費用ニ充ツル爲ニ豫備費ヲ設ク

ヘシ

○會計規則

第十六條　豫備金ハ大藏大臣之ヲ管理ス

第十七條　豫備金ヲ以テ補充シ得ヘキ費途及豫備金ヲ以テ支辨スル費途ノ金額ハ他ノ費途ニ流用スルコトヲ得ス

第十八條　第一豫備金ヲ以テ補充シ得ヘキ費途ハ每年度豫メ勅令ヲ以テ之ヲ定ム

第十九條　各省大臣第一豫備金ノ支出ヲ要スルトキハ金額理由ヲ示ス所ノ計算書ヲ作リ大藏大臣ノ承認ヲ經ヘシ

第二十條　大藏大臣第一豫備金ノ支出ヲ承認シタルトキハ之ヲ會計撿查院ニ通知スヘシ

第二十一條　各省大臣第二豫備金ノ支出ヲ要スルトキハ金

額理由ヲ示ス所ノ計算書ヲ作リ之ヲ大藏大臣ニ送付スヘシ

第二十二條　大藏大臣ハ前條ノ計算書ヲ調査シ其意見ヲ付シテ勅裁ヲ請フヘシ

第二十三條　第二豫備金支出ノ勅裁アリタルトキハ大藏大臣其事故金額ヲ會計檢查院ニ通知シ及官報ニ揭載スヘシ

第八條　豫備金ヲ以テ支辨シタルモノハ年度經過後帝國議會ニ提出シ其ノ承諾ヲ求ムルヲ要ス

本條ハ豫備金ヲ以テ支辨シタルモノハ議會ノ承諾ヲ求ムヘキヿヲ示シタルモノナリ

年度經過後トアルハ豫備金支出ヲ一纏メニシテ提出センカ爲メニシテ翌年例ヘハ二十三年度所屬ノモノナレハ二十四年ノ議會

ニ提出セラルヽナリ
豫備金ハ豫算ヲ以テ定メタルモノナリト雖𪜈元ト支出ノ目的確立シタルモノニアラス眞ノ概算ヲ以テ政府ノ使用ニ供シタルモノナレハ議會ノ監督ヲ嚴ニセサレハ濫費ノ弊ヲ免カレス
豫備金支出ハ第一豫備ニ在ツテハ概子豫算ノ款項ニ超過シタル支出トナリ第二豫備ニ在ツテハ即チ豫算ノ外ニ生シタル支出タリ豫算超過豫算外支出ハ議會ノ承諾ヲ得ヘキヿ憲法第六十四條第二項ニ規定スル所ニシテ本條ハ之ニ基ツキタルナリ然レ𪜈憲法第六十四條第二項ノ意ハ豫備金支出ノ場合ノミナラス豫備金不足ノ場合ニモ之ニ依ルヲ得ヘシ但其事ノ輕重緩急如何ニ由リテハ臨時ニ議會ヲ招集スルカ又ハ第七十條ニ依リ處分セラルヽコトアルヘキナリ

參看

憲法

第六十四條　豫算ノ款項ニ超過シ又ハ豫算ノ外ニ生シタル支出アルトキハ後日帝國議會ノ承諾ヲ求ムルヲ要ス

第七十條　公共ノ安全ヲ保持スル爲緊急ノ需用アル場合ニ於テ內外ノ情形ニ因リ政府ハ帝國議會ヲ召集スルコト能ハサルトキハ勅令ニ依リ財政上必要ノ處分ヲ爲スコトヲ得」

前項ノ場合ニ於テハ次ノ會期ニ於テ帝國議會ニ提出シ其ノ承諾ヲ求ムルヲ要ス

會計規則

第二十四條　豫備金ヲ以テ補充支辦シタル金額ハ各省大臣其計算書ヲ作リ各費途每ニ說明ヲ付シ年度經過後五ケ月

以內ニ之ヲ大藏大臣ニ送付スヘシ
大藏大臣ハ豫備金支出ヲ第一豫備金支出ト第二豫備金支出トニ大別シ其總計算書ヲ作リ之ニ説明ヲ付シ各省大臣ヨリ送付シタル豫備金支出ノ計算書ト共ニ帝國議會ニ提出スルノ手續ヲ爲スヘシ

第九條　每年度大藏省證券發行ノ最高額ハ帝國議會ノ協贊ヲ經テ之ヲ定ム

本條ハ大藏省證券發行ノ最高額ハ帝國議會ノ協贊ヲ經テ定ムヘキヿヲ示シタルモノナリ
最高額トハ一年度中ノ發行ヲ通算シタル合計高ヲ云フニアラス一時ノ現發行最多額ヲ云フナリ
憲法第六十二條ニ國債ヲ起シ及ヒ豫算ニ定メタルモノヲ除ク外

國庫ノ負擔トナルヘキ契約ヲ爲スハ帝國議會ノ協贊ヲ經ヘシトアリ大藏省證券ハ短期公債ニシテ國庫ノ負擔トナルヘキモノナレハ帝國議會ノ協贊ヲ經ヘキヿ勿論ナリ而メ大藏省證券ハ收入ニ先タッテ支出ヲ要スル場合ニ於テ出納上一時便用ノ爲メ發行シ其年度ノ歳入ヲ以テ消却スヘキモノナレハ歳入不相當ノ發行ヲ防禦スル爲メニ發行高ニ制限ヲ要スルナリ我國ノ經驗ニヨレハ最高額ヲ一千三百萬圓トスレハ通算發行高ハ七千餘萬圓以上ニ上ルヘシト云フ

參看

大藏省證券條例　明治十七年九月廿日第二十四號布告

第一條　大藏省證券ハ出納上一時便用ノ爲メ大藏省ヨリ發行スルモノトス

第二條　大藏省證劵ハ無記名利附定期拂ニシテ其發行シタル年度ノ歳入ヲ以テ仕拂ヲ爲スモノトス

第八條　大藏省證劵ハ其仕拂期日ヨリ起算シ滿六ヶ月間ハ之レヲ仕拂フヘシ滿六ヶ月ヲ過ルトキハ一切仕拂ヲ爲サヽルモノトス但仕拂期日後ハ利子ヲ付セサルモノトス

第三章　收入

第十條　租稅及其ノ他ノ歳入ハ法律命令ノ規程ニ從ヒ之ヲ徵收スヘシ

法律命令ニ依リ當該官吏ノ資格アル者ニ非サレハ租稅ヲ徵收シ又ハ其ノ他ノ歳入ヲ收納スルコトヲ得ス

本條ハ歳入ノ徵收收納ハ法律命令ノ規程ニ從フヘキコト及ヒ其徵

收收納ハ當該官吏ノ資格アルモノナラサルヘカラサルコヲ示シタルモノナリ

租税其他ノ歳入トハ一切ノ歳入ヲ云ヒ法律命令ノ規程トハ税法徵税法關税條約諸收入諸手數料規則等凡テ賦課ノ方法收納ノ手續ヲ定メタルモノヲ云フ當該官吏ノ資格アルモノトハ歳入ヲ徵收收納スヘキ職權ヲ有スルモノヲ云フ

法律命令ノ規程ニ從フニアラサレハ一錢ノ歳入モ之ヲ徵收スルコヲ得サルモノニシテ人民財產ノ安固ヲ保全センカ爲メニ必要ナルモノナリ又出納官吏ハ特種ノ責任ヲ負ヒ身元保證金ヲ納ムト雖氏他ノ官吏ハ然ラス故ニ之ヲシテ歳入ヲ收納スルヲ得サラシムルハ國庫ノ保安ヲ維持シ會計監督ノ道ヲ立ツルカ爲メナリ

參看

憲法
第二十一條　日本臣民ハ法律ノ定ムル處ニ從ヒ納稅ノ義務ヲ有ス
第六十二條　新ニ租稅ヲ課シ及稅率ヲ變更スルハ法律ヲ以テ之ヲ定ムヘシ
但シ報償ニ屬スル行政上ノ手數料及其ノ他ノ收納金ハ前項ノ限ニ在ラス
第六十三條　現行ノ租稅ハ更ニ法律ヲ以テ之ヲ改メサル限ハ舊ニ依リ之ヲ徵收ス
會計規則
第二十五條　收入官吏現金ヲ以テ租稅其他ノ收入ヲ領收スルトキハ其領收證ヲ納人ニ交付スヘシ

第二十六條　現金ヲ領收スル收入官吏ハ大藏大臣定ムル所ノ規則ニ從ヒ毎月一回若クハ數回其領收シタル金額ヲ金庫ニ拂込ムヘシ但外國及金庫ノ設ナキ運輸通信ノ不便ナル内國ノ地方ニ在ル收入官吏ノ領收シタル金額ハ該官吏之ヲ保管シ大藏大臣ノ指定ニ從ヒ金庫ニ拂込ノ手續ヲ爲スヘシ

第二十七條　金庫ハ收入官吏又ハ納人ヨリ租稅其他ノ收入金ヲ領收スルトキハ收入ノ目的ヲ記入シタル別符付ノ領收證ヲ拂込人又ハ納人ニ交付スヘシ

第二十八條　第二十六條ノ拂込ニ對シ金庫ヨリ交付シタル領收證ハ收入官吏ヨリ歲入ノ徵收ヲ監督スル所ノ官吏ニ送付シ別符ヲ切離セシメ其撿印ヲ受クヘシ

第二十九條　納人ヨリ租税其他ノ收入金ヲ直接ニ金庫ニ納付シタルトキハ收入官吏ハ金庫ヨリ納人ニ交付シタル領收證ニ捺印シ別符ヲ切離シ領收證ヲ納人ニ返付スヘシ

第三十條　收入官吏ハ其收入ヲ記入スル帳簿ノ結果ニ據リ毎月收入報告書ヲ調製シ參照書類ヲ添ヘ各省大臣ノ定メタル期限ニ之レヲ其事務管理廳ニ送付スヘシ

第三十一條　歳入ノ事務管理廳ハ收入官吏ヨリ送付シタル收入報告書ニ據リ毎月收入總報告書ヲ作リ之ニ必要ナル參照書類ヲ添ヘ其翌月中ニ大藏大臣ニ送付スヘシ

第四章　支出

第十一條　毎會計年度ニ於テ政府ノ經費ニ充ツル所ノ定額ハ其ノ年度ノ歳入ヲ以テ之ヲ支辨スヘシ

本條ハ政府經費ノ財源ヲ示シタルモノナリ
定額トハ豫算許可高ヲ云フ此ノ定額ニハ本法第二十一條及第二十二條ニ由リ繰越シタル定額ヲモ包含スルモノト知ルヘシ
定額アルモ之ヲ支辨スル財源ナケレハ其用ヲ爲サス故ニ其年度ノ歲入ヲ以テ之ヲ支辨スルナリ
佛國ノ如キ其稅法ハ一ケ年度限リニシテ每年歲入豫算ノ議決ヲ經サレハ其徵收ニ着手スル能ハス故ニ歲出豫算ノ議決ヲ經ルモ歲入豫算ノ議決ト其歲入ヲ以テ歲出ヲ支辨スルコノ議決トヲ經サレハ經費ノ支出ヲ爲スコヲ得サレ𪜈我國ニ於テハ租稅其他ノ收入トモ概ネ永久ノ性質ヲ有スルカ故ニ議會ノ議決ナシト雖𪜈徵收ニ差支ナク又本條ヲ以テ歲入ヲ直ニ歲出ノ支辨ニ供スルコノ明許アルカ故ニ歲出豫算ノ議定ヲ經經費定額ノ定マリタル上

ハ直ニ其支出ヲ爲スヿヲ得テ政府ノ爲メニハ大ニ便益ヲ得ルナリ

此ノ如ク歳入ヲ以テ歳出ヲ支辨シ其剩餘ヲ生スルトキハ本法第二十條ニ由ツテ處分シ若シ又不足ヲ生スル片ハ國債其他歳入增加ノ方案ヲ立テサルヘカラサルナリ

第十二條　國務大臣ハ豫算ニ定メタル目的ノ外ニ定額ヲ使用シ又ハ各項ノ金額ヲ彼此流用スルコトヲ得ス

國務大臣ハ其ノ所管ニ屬スル收入ヲ國庫ニ納ムヘシ直ニ之ヲ使用スルコトヲ得ス

本條ハ豫算目的外ノ使用各項金額ノ流用及ヒ收入使用ノ禁止ヲ示シタルモノナリ

豫算ニ定メタル目的トハ必スシモ科目ニ付テ云フニアラス何々ノ爲メ若干圓何々ノ爲メニ若干圓ト其支出ノ必要ヲ生シタル一ノ費途ヲ云ヒ流用トハ甲科目定額ノ餘裕ヲ以テ乙科目定額ノ不足ニ充ツルヲ云フ

目的外ニ使用スルトハ例ヘハ傭外國人ノ俸給ニ充テタルモノヲ以テ他ノ官吏ノ俸給ニ支消シ本廳ノ建築費ニ充テタルモノヲ以テ土藏修繕ノ費用ニ費消スルカ如キ類之ナリ此ノ如キ目的外ノ支消ヲ爲スハ豫算議決ヲ無効ナラシムルモノニシテ本條ノ許サヽル處ナリ或ハ豫算ニ定メタル目的トハ單ニ議決科目即チ項ヲ云フト解スルモノアリ此ノ説ニ從フトキハ各項内ハ互ニ流用スルヿヲ得テ其範圍廣ク政府ノ爲メニハ便利ナルモ元來經費科目ノ組織タルヤ必スシモ一目的ノ爲メニ一科目ヲ設置スルモノニア

ラス一項內ニモ目的ノ異ナルモノアリ例ヘハ官吏ニ支給スル筆墨料ニ充テタルモノヲ以テ薪炭油等ニ支消シ外國行ノ手當ニ充テタルモノヲ以テ秘書官諸費ニ費消スルカ如キ之ナリ又各項金額ノ流用ヲ許サヽルハ各項ハ議決科目ナレハ若シ之レカ流用ヲ許スヿハ豫算決算上類別ヲ混同スルノミナラス全ク議會ノ議決ヲシテ無効ニ歸セシムルノ恐アルヲ以テナリ但シ一項內ニ於テ目的ノ違ハサルニ於テハ之レカ流用ヲ爲シ得ルモ豫備金ヲ以テ補充シ得ヘキ費途及豫備金ヲ以テ支辨スル費途ノ金額ハ他ノ費途ニ流用スルヿヲ得サルハ會計規則第十七條ノ規定スル所ナリ

國務大臣其所管ニ屬スル經費ハ定額ヲ以テ許可セラレ其定額ヲ使用セントセハ國庫ニ向ツテ仕拂命令ヲ發スヘキモノニシテ所

管ノ收入ヲ國庫ニ納入セス隨意ニ之ヲ消費スルトキハ終ニ豫算超過又ハ豫算外支出ヲ生スルナリ

參看

會計規則

第十七條　豫備金ヲ以テ補充シ得ヘキ費途及豫備金ヲ以テ支辨スル費途ノ金額ハ他ノ費途ニ流用スルコトヲ得ス

第十三條　國務大臣ハ其ノ所管定額ヲ使用スル爲ニ國庫ニ向ヒテ仕拂命令ヲ發スヘシ但シ別ニ定ムル所ノ規程ニ從ヒ他ノ官吏ニ委任シテ仕拂命令ヲ發セシムルコトヲ得

本條ハ定額使用ノ方法ヲ示シタルモノナリ

仕拂命令トハ債主ニ現金仕拂ヲ執行スヘキ事ヲ命令スル所ノ證

劵ニシテ即チ國庫ニ宛テタル手形ナリ此手形ノ仕拂ハルヘキ期限ハ其手形ヲ以テ仕拂フヘキ政府經費ノ屬スル年度經過後滿五ケ年ニシテ其間ハ世上ニ流通スルヲ得ヘキモノトス

國務大臣ハ豫算ヲ以テ其所管ニ屬スル經費ノ定額ヲ許可セラルト雖𪜈現金ハ一錢モ附與セラルヽコトナクシテ其定額ヲ使用スル爲メニハ國庫ニ向テ仕拂命令ヲ發セシムルナリ

定額ハ國務大臣ニ許可セラレタルモノナレハ國務大臣ノ外ニ定額使用ノ權ヲ有スルモノナシ然レ𪜈國務大臣一切ノ仕拂ヲ一々命令スルハ事實行ハルヘカラサレハ本條但書ヲ以テ之ヲ他ノ官吏ニ委任スルノ便宜ヲ與ヘタルナリ例ヘハ內務省所管ノ府縣警視廳集治監經費ノ如キ內務大臣一々仕拂ヲ命令シ得ヘキニアラス故ニ知事總監典獄等ニ委任シテ仕拂命令ヲ發セシム但シ此委

任ノ場合ニハ行政豫算ヲ以テ定額ヲ分割セサルヘカラス會計規則ノ所謂仕拂豫算之レナリ

國務大臣ニ現金ヲ交付セスシテ悉皆國庫ニ總攬スルモノハ現金運用上ノ便益ト國務大臣ヲシテ不法ノ仕拂ヲナサヽラシメンカ爲メノ撿束上必要アルニ由ルナリ

參看

會計規則

第十一條　各省大臣ハ毎年度決定ノ豫算定額ニ基キ仕拂命令官毎ニ所要ノ費額ヲ定メ仕拂豫算ヲ調製シ大藏大臣ノ撿視ヲ受クヘシ

第十二條　仕拂豫算ハ各項ノ金額ヲ示スヘシ仕拂豫算ヲ更定セントスルトキハ其更定ヲ要ス

第四章　支出

ル金額理由ヲ詳具スル所ノ計算書ヲ作リ大藏大臣ノ撿視ヲ受クヘシ

第十三條　大藏大臣仕拂豫算若クハ其更定計算書ヲ撿視シタルトキハ之ヲ會計撿査院ニ通知スヘシ

第三十二條　仕拂命令官ハ總テ仕拂命令ヲ發スル前其經費ハ正當ニシテ必要ナルヤヲ調査シ該經費ノ金額ヲ算定シ又該經費ハ仕拂豫算額ニ超過スルコトナキヤ支出科目及所屬年度ヲ誤ルコトナキヤ該經費ハ豫算ヲ以テ定メラレタル目的ニ違フコトナキヤヲ調査スヘシ

第三十三條　仕拂命令ニハ債主若クハ其代理人ノ氏名、仕拂フヘキ金額、支出科目、年度番號、支出ノ目的ヲ記載スヘシ但俸給諸給恩給賞勳年金諸祿及定額拂切經費ノ仕拂ヲ爲ストキ支出科目ノ同一ナルモノハ數人ノ債主ニ對シ集合仕拂命令ヲ發シ別ニ各債主ノ金額氏名表ヲ添ユルコトヲ得」現金前渡ノ仕拂命令ニハ前渡ヲ受クヘキ官吏ノ資格、氏名(銀行ナレハ其名稱)前渡ヲ爲スヘキ金額支出科目、年度及番號ヲ記載スヘシ

第三十四條　仕拂命令ハ一項毎ニ之ヲ發スヘシ

第三十五條　仕拂命令ニハ支出ノ證據ニ必要ナル書類ヲ添ヘ仕拂命令官ヨリ之ヲ會計主務官ニ交付スヘシ

第三十六條　會計主務官其仕拂命令ヲ正當ト認ムルトキハ之ニ(調定濟)ト記入シ署名捺印シテ之ヲ受取人ニ交付スヘシ但數人ノ債主ニ對スル集合仕拂命令及仕拂命令ヲ當テタル金庫所在地ノ外ニ於テ仕拂ヲ要スルモノハ直ニ仕拂

命令ヲ金庫ニ送付シ受取人ニ仕拂ノ手續ヲ爲スヘシ

第三十七條　會計主務官前條ニ據リ仕拂命令ヲ不當ト認ムルトキハ其事由ヲ本屬大臣ニ申立ヘシ

本屬大臣會計主務官ノ申立ニ拘ハラス仕拂命令ヲ發スヘキコトヲ命スルトキハ會計主務官ハ仕拂命令ニ(特命調定)ト記入シ署名捺印シテ之ヲ受取人ニ交付スヘシ但仕拂命令ノ金額若シ仕拂豫算額ニ超過スルトキハ本屬大臣ノ特命ヲ受グト雖𪜈尚ホ大藏大臣ノ指揮ヲ請フヘシ

第三十八條　會計主務官仕拂命令ヲ受取人ニ交付シタルトキハ同時ニ金庫ニ案内仕拂命令ヲ送付スヘシ但第三十六條但書ニ據リ仕拂命令ヲ金庫ニ送付シタル塲合ニ於テモ亦同シ

第四十四條　各年度ニ屬スル經費ヲ精算シテ仕拂命令ヲ發スルハ翌年度六月三十日限リトス

仕拂命令委任規定明治廿二年七月二日勅令第八十九號

第一條　各省大臣ハ他ノ官吏ニ委任シテ其所管定額ノ仕拂命令ヲ發セシムルトキハ會計規則第十一條ニ據リ仕拂豫算額ヲ定メテ之ヲ委任スヘシ

第二條　委任ヲ受ケタル仕拂命令官ハ其發シタル仕拂命令ニ付責任ヲ有ス

第十四條　國庫ハ法律命令ニ反スル仕拂命令ニ對シテ仕拂ヲ爲スコトヲ得ス

本條ハ國庫ニ於テ仕拂命令ニ對シ仕拂ノ執行ヲ爲スヘカラサル場合ヲ示シタルモノナリ

前條ニ於テ國務大臣定額使用ノ方法ヲ定メ之ニ現金ヲ附與セサルモノハ一ハ不法ノ支出ヲ豫防センカ為メニシテ國庫ノ仕拂執行ニ本條ノ制限ヲ加フルニ由テ始テ其目的ヲ達スルヲ得ヘキモノナリ然レトモ其果シテ法律命令ニ反スルヤ否國庫ニ於テ之ヲ調査スルハ仕拂命令面ニ依テ判斷スルノミナレハ本條ニ法律命令トアルモ重モニ豫算上又ハ仕拂命令ノ方式ニ關スルモノヽ外ニ出テサルヘシ

參看

會計規則

第四十五條　金庫ニ於テハ休日ヲ除クノ外毎日其開庫時間内ハ何時ニテモ仕拂命令持參人ニ仕拂命令ト引替ニテ現金ヲ交付スヘシ

第四十六條　左ノ場合ニ於テハ事由ヲ仕拂命令持參人ニ告ケ金庫ニ於テ仕拂命令ノ執行ヲ拒ムヘシ
第一　案內仕拂命令ノ到着セサルトキ
第二　仕拂命令ト案內仕拂命令ト符合セサルトキ
第三　仕拂命令汚損シ案內仕拂命令ト照合シ難キトキ
第四十七條　各年度ノ仕拂命令ニシテ翌年度八月三十一日マテニ仕拂ノ請求ナキ仕拂命令濟金額ニ相當スル資金ハ會計法第二十條ノ歲計剩餘ニ組入レス國庫ニ於テ繰越整理スヘシ
第四十八條　前條ノ資金中年度經過後滿五ヶ年內ニ仕拂ノ請求ナクシテ會計法第十八條ノ期滿免除ニ據リ政府カ負債ノ義務ヲ免レタルモノアルカ爲メ不用トナリタルモノ

第四章　支出

ハ其負債ノ期滿免除トナリタル年度ノ歲入ニ組入ルヘシ

第十五條　國務大臣ハ政府ニ對シ正當ナル債主若ハ其ノ代理人ノ爲ニスルニ非サレハ仕拂命令ヲ發スルコトヲ得ス

左ノ諸項ノ經費ニ限リ國務大臣ハ主任ノ官吏ニ委任シ又ハ政府ノ命シタル銀行ニ委任シテ現金支拂ヲ爲サシムル爲ニ現金前渡ノ仕拂命令ヲ發スルコトヲ得

本條ハ仕拂命令發行ノ制限ヲ示シタルモノナリ正當ナル債主トハ政府ニ對シ勞力ヲ致シ又ハ物件ヲ供給スル等其他事實上政府ヨリ仕拂ヲ受クヘキ權利ヲ有スルモノヲ云ヒ代理人トハ委任ヲ受ケタル民法上ノ代理人ヲ云フ

正當ナル債主ニアラサルモノ即チ未タ債主權ノ確定セサルモノニ仕拂ヲナシ或ハ正當ナル債主又ハ代理人ニアラサル他人ニ仕拂ヲナシ其者ヨリ本人ニ拂渡サシムルヿヲ許スハ實際上便宜ノ塲合ナキニアラサルモ爲メニ政府ノ損失ヲ招クノ恐レアレハ本條之ヲ防キタルナリ

工事請負人又ハ物品納人ノ如キ其工事ノ竣成又ハ物品ノ納濟トナヲサルトキハ未タ正當ナル債主トナラサルモノヽ如ク解スルモノアリ此說ハ本條ノ規定ト前金拂ノ禁止トヲ混シタルモノニシテ若シ此說ノ如クナラハ本法第廿五條ハ無用ノ長物トナルノミナラス軍艦兵器彈藥ト雖モ一切前金拂ヲナス可ラサルモノトナルヘシ債主權ノ確定ト否トハ工事ノ既成未成物品ノ既納未納ニ關セス一ニ契約ノ如何ニアリ但第二十五條ノ禁止アルカ故ニ

前金拂ノ契約ヲナシ得サルノミナリ
右ノ如ク仕拂命令ノ發行ヲ制限スト雖モ如何ナル場合ヲ問ハス一々正當債主ノ爲メノミトスルトキハ莫大ノ費用ヲ要シ事實行ハルヘカラサル場合アリ此ノ如キ場合ニ於テハ主任ノ官吏又ハ銀行ニ現金前渡ヲナシ之ヲシテ正當債主ニ仕拂ヲナサシムルハ頗ル便法タルナリ現金前渡仕拂命令ハ未タ債主アラサルモノ又ハ債主アルモ未タ仕拂ノ請求ナキモノニ對シテモ之ヲ發スルヲ得テ全ク概算ヲ以テスルモノナレハ各債主ニ仕拂濟ノ後精算シテ剩餘アレハ定額ニ戻入シ不足アレハ追渡ヲナスヘキナリ
主任官吏トハ必スシモ部下ノ官吏ニ限ルニアラス總テ其事ヲ擔任スル官吏ヲ云ヒ政府ノ命シタル銀行トハ各大臣ノ隨意ニ命スルニアラスシテ特ニ其事ニ就テ政府ヨリ命令シタル銀行ヲ云フ

會計規則第四十二條ニ銀行ニ委任シテ仕拂ヲナサシムルハ國債元利金拂ノ場合ニ限レリ

第一　國債ノ元利拂

各地ニ散在スル數多ノ債主ニ對シ一々仕拂命令ヲ發スルハ繁雜ニシテ費用多シ銀行ニ委任スルノ簡便ナルニ如カサレハナリ現今内國債ハ重モニ日本銀行ニ外國債ハ正金銀行ニ委任セリ

第二　軍隊軍艦及官船ニ屬スル經費

官船トハ政府ノ所有ニ屬スルモノ若クハ政府ニ於テ借入レタル船舶ヲ云フ軍隊軍艦ノ如キ行軍航海中ハ金庫ノ設ケナキ地方ニ至リ仕拂ヲナスコアルヘク然ラサルモ小拂ノ數多クシテ一々仕拂命令ヲ發スルハ費用多クシテ繁雜ニ堪ヘサレハナリ但シ港灣備付ノ小蒸滊船ノ如キハ本項ノ官船ニ包含セサルナリ

第三　在外各廳ノ經費

在外各廳トハ外國ニ在ル公使館領事館在支那朝鮮郵便局等ヲ云フモノニシテ海外ニハ金庫ノ設置ナケレハナリ

第四　前項ノ外總テ外國ニ於テ仕拂ヲ爲ス經費

外國ニ於テ仕拂ヲ爲ス經費トハ外國ニ出張セル官吏ノ俸給旅費手當若クハ外國ニ於テ購買スル諸物品ノ代價等ヲ云フ此等モ前項ト同シク現金前渡ノ外手段ナキモノナリ

第五　運輸通信ノ不便ナル內國ノ地方ニ於テ仕拂ヲ爲ス經費

金庫ノ設ケナキ僻陬ノ地方ナレハ此亦現金前渡ヲ便トスレハナリ

第六　廳中常用雜費ニシテ一箇年ノ總費額五百圓ニ滿タサルモノ

廳中雜費ノ總額一ケ年五百圓未滿ノ如キ小官廳ニシテ一々仕拂命令ノ法ニ依ルハ却テ得失償ハサルヘケレハナリ

第七　場所ノ一定セサル事務所ノ經費

測量等ノ爲メニ設クル出張所ノ如キ所々ニ移轉スル事務所ノ經費ナレハ現金前渡ノ便ナルニ如カサレハナリ

第八　各廳ニ於テ直接ニ從事スル工事ノ經費但シ一主任官ニ付三千圓マテヲ限ル

各廳ニ於テ直接ニ從事スル工事トハ受負ニ付セスシテ政府自ラ從事スル工事ヲ云フ此ノ如キ場合ニハ職工人夫賃等日々ノ小拂多クシテ一々仕拂命令ヲ發スルハ煩雜ニ堪ヘサレハナリ但シ金

額ニ制限アルハ弊害ヲ豫防スルナリ

參看

會計規則

第三十三條　現金前渡ノ仕拂命令ニハ前渡ヲ受クヘキ官吏ノ資格、氏名（銀行ナレハ其名稱）前渡ヲ爲スヘキ金額、支出科目、年度及番號ヲ記載スヘシ

第三十九條　現金前渡ノ仕拂命令ハ左ノ區分ニ從ヒ之ヲ發スヘシ

第一　常時ノ費用ニ係ルモノハ毎一ケ月分ノ費額ヲ豫定シテ仕拂命令ヲ發スヘシ但在外各廳ノ經費外國ニ於テ仕拂ヲ爲ス經費運輸通信ノ不便ナル內國ノ地方ニ於テ仕拂ヲ爲ス經費其他仕拂場所ノ

一定セサル經費ハ事務ノ必要ニ由リ二ケ月以上六ケ月分マテ合セテ仕拂命令ヲ發スルコトヲ得

第二　隨時ノ費用ニ係ルモノハ所要ノ費額ヲ豫定シテ事務上差支ナキ限リハ成ルヘク分割シテ仕拂命令ヲ發スヘシ

第三　各廳ニ於テ直接ニ從事スル工事ノ經費ハ工事ノ大小ニ由リ其所要ヲ量リ三千圓以内ニ於テ仕拂命令ヲ發スヘシ

第四十條　會計法第十五條第八ニ據リ現金前渡ヲ爲シタルトキハ左ノ場合ヲ除クノ外更ニ同一ノ主任官吏ニ現金前渡ヲ爲スタメ仕拂命令ヲ發スルコトヲ得ス

第一　前ニ發シタル仕拂命令ノ金額三分ノ二以上ノ仕

第四章　支出

拂濟證明アリタルトキ但此場合ニ於テハ更ニ發スル仕拂命令ノ金額ト前ニ發シタル仕拂命令ノ仕拂濟證明未濟ノ金額ト合シテ三千圓ヲ超ユルコトヲ得ス

第二　前ニ發シタル仕拂命令ノ金額三千圓未滿ニシテ更ニ發スル仕拂命令ノ金額ト合シテ三千圓ヲ超ヘサルトキ

第四十一條　現金前渡ヲ受ケタル官吏監督ノ規則ハ大藏大臣各省大臣ニ協議シテ之ヲ定ムヘシ

第四十二條　會計法第十五條ニ據リ政府ノ命シタル銀行ニ委任シテ現金仕拂ヲ爲サシムル爲メニ發スル現金前渡ノ仕拂命令ハ國債元利金仕拂ノ場合ニ限ル

第五章　決算

第十六條　會計檢査院ノ檢査ヲ經テ政府ヨリ帝國議會ニ提出スル總決算ハ總豫算ト同一ノ樣式ヲ用井左ノ事項ノ計算ヲ明記スヘシ

本條ハ總決算ノ樣式ト總決算ニ明記スヘキ事項トヲ示シタルモノナリ

抑〻政府會計ノ監督ニ三種アリ立法監督行政監督司法監督是レナリ立法監督ハ議會之ヲ行ヒ行政監督ハ大藏省主トシテ之ニ任シ司法監督ハ會計檢査院之ヲ司ル而シテ本條ノ規定ハ最モ立法監督ニ必要ナルモノトス蓋シ立法ノ監督ハ其端ヲ豫算ニ開キ定額ヲ議定シテ事前ノ監督ヲ爲スト雖モ政府果シテ定額超過ノ支出ヲ爲サヽルカ目的外ノ使用ヲナサヽルカ豫算外ノ支出ヲ爲サヽ

ルカ流用ヲ爲サヽルカ等ヲ監督セサレハ豫算ノ議定モ徒勞ニ屬スヘクシテ立法監督ノ目的ヲ達セントスルニハ決算ヲ見サルヘカラス此レ決算提出ノ必要ナル所以ニシテ憲法第七十二條ニ其提出ヲ規定セラレタリ然レ𪜈其樣式豫算ト異ナル𪜈ハ比較對照ヲ爲ス能ハスシテ殆ント決算ノ提出ナキニ均シキ結果ヲ生スルニ至ラン故ニ其樣式ヲ同一ナラシムルハ緊要ノ事タルナリ

佛國ニ於テハ決算ノ提出ニ期限ヲ定メ翌々年度ノ初二ケ月內ニ議院ニ提出スヘキモノトセリ然レ𪜈此期限ハ嘗テ遵守セラレスト云フ果シテ然ルトキハ寧ロ期限ナキニ如カサルナリ本邦此期限ナシト雖𪜈期限ナキノ故ヲ以テ之ヲ緩慢ニ付スルハ大ニ不可ナリ故ニ決算ノ提出遲延スルトキハ監督ノ効ヲ欠キ豫算ノ參考トモナラサルニ至ルヘケレハ成ルヘク速カニ提出スルヲ必要ト

スルナリ

歳入ノ部

歳入豫算額

歳入豫算額トハ當該年度ニ於テ議會ノ協賛ヲ經タル歳入ノ總豫算額ヲ云フ

調定濟歳入額

調定濟歳入額トハ當該年度ニ於テ徵稅令書若クハ納額告知書ヲ發シタル總額ヲ云フ

收入濟歳入額

收入濟歳入額トハ當該年度ニ於テ實際國庫ニ收入シタル額ヲ云フ

收入未濟歳入額

收入未濟歳入額トハ當該年度ニ於テ調定濟歳入額ノ内事故アリ實際現金ノ國庫ニ收入ヲ了セサリシモノヲ云フ

歳出ノ部

歳出豫算額

歳出豫算額トハ當該年度ニ於テ議會ノ協賛ヲ經タル歳出ノ豫算額ヲ云フ

豫算決定後増加歳出額

豫算決定後増加歳出額トハ議會ノ協賛ヲ經テ決定シタル豫算額ニ對シ事實上増加支出ヲ要シタルカ爲メ憲法第六十九條ノ豫備金ヨリ支出シタルモノ若クハ本法第二十一條第二十二條ニヨリ前年度ヨリ繰越シタル總額ヲ云フ

仕拂命令濟歳出額

仕拂命令濟歳出額トハ豫算定額内ニ於テ國庫ニ對シ仕拂命令ヲ發行シタル額ヲ云フ

翌年度繰越額

翌年度繰越額トハ本法第二十一條及第二十二條ニ由リ翌年度ヘ繰越使用スヘキ額ヲ云フ

第十七條　前條ノ總決算ニハ會計檢査院ノ檢査報告ト倶ニ左ノ文書ヲ添附スヘシ

第一　各省決算報告書

第二　國債計算書

第三　特別會計計算書

本條ハ總決算ニ添付スヘキ文書ヲ示シタルモノナリ

決算ニ會計檢査院ノ撿査報告ヲ添フヘキコトハ憲法第七十二條ニ

定ムル所ニシテ此報告書ノコハ會計檢査院法第十四條ニ規定アリ即チ

會計檢査院ハ憲法第七十二條ニ依リ決算ヲ檢査確定スルト同時ニ左ノ諸項ニ付報告書ヲ作ルヘシ

一　總決算及各省決算報告書ノ金額ト各出納官吏ノ提出シタル計算書ノ金額ト符合スルヤ否ヤ

二　歲入ノ賦課徵收歲出ノ使用官有物ノ得有沽賣讓與及利用ハ各其豫算ノ規程又ハ法律勅令ニ違フコナキヤ否ヤ

三　豫算超過又ハ豫算外ノ支出ニシテ議會ノ承諾ヲ受ケサルモノナキヤ否ヤ

ボリユー氏日會計檢査院ハ單ニ會計ノ判決ヲ宣告スル所ノ裁判

廳ニ止ラスシテ一般財務ノ取扱ニ付キ宣告ヲナシ又報告ヲナス所ノ調査院ノ一種タリト實ニ會計檢査院法第十四條ニ定ムル所ハ此調査院タル職務ノ一ニシテ政府會計ノ當否ヲ證明シ議會ノ爲メニ審査ノ資料トナルモノナリ元來議會ノ監督ハ大体ニ止マリ細目ニ渉ル能ハサルヲ以テ會計檢査院ノ必要ヲ生ス故ニ其檢査ハ最モ正確ナラサルヘカラス是ヲ以テ其組織及權限ハ法律ヲ以テ之ヲ定メ國務大臣ニ對シ特立ノ地位ヲ有セシメ其檢査判決ヲシテ公平無私ナラシムルナリ

各省決算報告書トハ國務大臣其所管經費ノ決算ヲ報告スルモノニシテ各大臣カ責任解除ヲ求ムルノ要具ナリ

國債計算書トハ國債ノ種類現在高及增減等ヲ記載シタルモノナリ

特別會計計算書トハ本法第三十條ニ依リ特別會計タルヿヲ許サレタルモノヽ收支等ヲ記載シタルモノナリ

参看

憲法

第七十二條　國家ノ歳出歳入ノ決算ハ會計檢查院之ヲ檢查確定シ政府ハ其ノ檢查報告ト倶ニ之ヲ帝國議會ニ提出スヘシ

會計檢查院ノ組織及職權ハ法律ヲ以テ之ヲ定ム

會計檢查院ノ組織權限ハ明治二十二年五月九日法律第十五號ヲ以テ公布セラレタリ

會計規則

第四十九條　會計主務官ハ其支出ヲ記入スル帳簿ノ結果ニ

據リ毎月支出報告書ヲ調製シ參照書類ヲ添ヘ各省大臣ノ定メタル期限ニ之ヲ各省中央會計主務官ニ送付スヘシ

第五十條　各省中央會計主務官ハ各會計主務官ヨリ送付シタル支出報告書ニ據リ毎月支出總報告書ヲ作リ之ニ必要ナル參照書類ヲ添ヘ其翌月中ニ大藏大臣ニ送付スヘシ

第五十一條　歳入歳出總決算ハ總豫算ト同一ノ區分ニ據リ大藏大臣之ヲ調製スヘシ

第五十二條　各省大臣ハ翌年度十二月三十一日マテニ各省豫定經費要求書ト同一ノ區分ニ據リ其省所管ニ屬スル經費ノ決算報告書ヲ調製シ之ヲ大藏大臣ニ送付スヘシ

第五十三條　國債計算書ハ大藏大臣之ヲ調製スヘシ

第五十四條　國債計算書ニハ左ノ事項ヲ示スヘシ

第五章　決算

第一　當該年度末日ニ於ケル國債ノ種類及現高ヲ示ス所ノ計算
第二　當該年度ニ於テ償還シ及仕拂ヒタル各種國債ノ元高及利子ノ計算
第三　最近五ケ年度間ニ於ケル各種國債增減ノ形况ヲ示ス所ノ計算
第五十五條　特別會計計算書ハ會計法第三十條ニ據リ特別ノ會計ヲ立ルコトヲ許サレタル事務ヲ管理スル所ノ各省大臣之ヲ調製シ毎年度經過後五ケ月以內ニ之ヲ大藏大臣ニ送付スヘシ
第五十六條　特別會計計算書ニハ左ノ事項ヲ示スヘシ
第一　收入計算

第二　支出計算
第三　最近五ヶ年度間資金ノ増減
第四　最近五ヶ年度間損益ノ比較

第六章　期滿免除

第十八條　政府ノ負債ニシテ其ノ仕拂フヘキ年度經過後滿五箇年内ニ債主ヨリ支出ノ請求若ハ仕拂ノ請求ヲ爲サヽルモノハ期滿免除トシテ政府ハ其ノ義務ヲ免ルヽモノトス但シ特別ノ法律ヲ以テ期滿免除ノ期限ヲ定メタルモノハ各々其ノ定ムル所ニ依ル

本條ハ政府負債ノ期滿免除ヲ示シタルモノナリ
仕拂フヘキ年度經過後滿五ヶ年トハ經費所屬ノ翌年度ヨリ起算

シテ滿五ケ年ヲ云フ例ヘハ廿三年度所屬ノ經費ナレハ廿四年度ノ初即チ四月一日ヨリ起算シ廿九年三月三十一日ヲ以テ期滿トス然レトモ此期限內ニ支出ノ請求ヲナシ仕拂命令ノ交付ヲ受ケタルモノハ更ニ其仕拂命令ノ所屬年度經過後五ケ年內ハ仕拂ノ請求ヲナスヲ得ヘシ例ヘハ二十三年度所屬ノモノニシテ廿八年度內ニ支出ノ請求ヲナシ仕拂命令ノ交付ヲ受ケタルトキハ更ニ二十九年四月一日ヨリ起算シテ五ケ年間ハ其仕拂命令ニ對シ現金仕拂ヲ請求スルヲ得ヘシ

支出ノ請求トハ政府ニ向テ仕拂命令ノ交付ヲ請求スルヲ云ヒ仕拂ノ請求トハ仕拂命令ヲ持參シテ金庫ニ現金仕拂ヲ請求シ又ハ現金前渡ヲ受ケタル官吏ニ仕拂ノ請求ヲ爲スヲ云フ

負債義務消滅ノ期限ヲ定ムルハ會計整理上必要ニシテ若シ此規

定ナキトキハ數年若クハ十數年ノ後ニ至リ渡漏等ノ請求ニ遇ヒタル場合ニ政府ハ非常ノ手數ヲ煩シテ其果シテ渡漏ナルヤ否ヤヲ確メサルヘカラス時トシテハ負債ノ義務ヲ生シタル事實ノ有無サヘ判然セサルニ至ルヘシ且ツ實際權利者ニ於テ五ケ年間モ請求ヲ爲サヽルヿハ罕ナルヘク假令ヒ之レアルモ權利者ニ於テ權利アルヿヲ認知セサリシ如キ場合ニシテ此期滿免除ノ爲メニ損害ヲ被ルヿナカルヘシ佛國ノ期滿免除ハ年度開期ヨリ起算シテ歐洲內居住ノ者ニ對シ五ケ年歐洲外居住ノ者ニ對シ六ケ年ニシテ特別ノ場合ニ於テハ期滿後ノ仕拂ト稱スルモノアリ

本法ハ廿三年四月一日ヨリ施行スヘキヿハ明文アレ䒾本條ノ期滿免除ヲ廿二年度以前ノ經費ニ適用シ其所屬ノ何年度タルヲ問ハス總テ廿三年四月一日ヨリ起算シテ期滿免除ヲ得ヘシト云フ

モノアリ又甚シキハ其所屬ノ翌年度ヨリ起算ス即チ十六年度所屬ノモノナレハ今日既ニ期滿免除ニ屬スト云フモノアリ兩說俱ニ法律ヲ既往ニ溯ラシムルモノニシテ從フ可ラス廿二年度以前ノ所屬ナレハ普通民法上ノ期滿免除又ハ特別ノ法律アルモノハ格別然ラサレハ今後尙ホ幾年ノ後ニテモ政府ハ支出若クハ仕拂ノ義務アルモノニシテ本法ノ支配シ得ヘキ所ニアラサルヘシ特別ノ法律ヲ以テ期滿免除ノ期限ヲ定メタルモノハ本條ニ依ラス各々其法律ニ定メタル期限ニ依ルヘキモノトス現今法令ノ存スルモノハ概ネ左ノ如シ

明治八年五月第九十五號布告新舊公債證書條例第五條第五節
(五ケ年)

明治九年八月第百八號布告金錄公債證書條例第七條 (五ケ年)

明治十三年十月第四十七號布告金札引換公債證書條例第十五條（五ヶ年）
明治十五年十二月第五十九號布告郵便條例第百二十五條ヨリ第百二十七條ニ至ル及第百四十七條
明治十六年十二月第四十八號布告金札引換無記名公債證書條例第十七條（十五ヶ年）
明治十六年十二月第四十七號布告中山道鐵道公債證書條例第十七條（十五ヶ年）
明治十六年九月第三十七號布告陸軍恩給令第八條（一ヶ年）
明治十六年九月第三十八號布告海軍恩給令第八條（一ヶ年）
明治十七年一月第一號達官吏恩給例第二十六條（一ヶ年）
明治十七年九月第二十四號布告大藏省證劵條例第八條（六ヶ月

明治十九年十月勅令第六十六號整理公債條例第十四條（元金十五ヶ年 利子五ヶ年）

明治十九年六月勅令第四十七號海軍公債條例第九條（五ヶ年）

参看

會計規則

第四十三條　仕拂命令ハ所屬年度經過後滿五ヶ年内ハ仕拂ノ請求アル毎ニ金庫ニ於テ仕拂フモノトス

第四十七條　各年度ノ仕拂命令ニシテ翌年度八月三十一日マテニ仕拂ノ請求ナキ仕拂命令濟金額ニ相當スル資金ハ會計法第二十條ノ歳計剩餘ニ組入レス國庫ニ於テ繰越整理スヘシ

第四十八條　前條ノ資金中年度經過後滿五ヶ年内ニ仕拂ノ

請求ナクシテ會計法第十八條ノ期滿免除ニ據リ政府カ負債ノ義務ヲ免レタルモノアルカ爲メ不用トナリタルモノハ其負債ノ期滿免除トナリタル年度ノ歳入ニ組入ルヘシ

第十九條　政府ニ納ムヘキ金額ニシテ其ノ納ムヘキ年度經過後滿五ケ年内ニ上納ノ告知ヲ受ケサルモノハ其義務ヲ免ルヽモノトス但シ特別ノ法律ヲ以テ期滿免除ノ期限ヲ定メタルモノハ各々其ノ定ムル所ニ依ル

本條ハ政府ニ對スル納金義務ノ期滿免除ヲ示シタルモノナリ

政府ニ納ムヘキ金額トハ租税又ハ行政上手數料ノ類其他返納金等ヲ云フ

前條既ニ政府負債ノ義務消滅ノ期限ヲ定メタレハ政府ニ對スル

納金義務ノ消滅期限ヲモ定ムヘキハ當然ノヿニシテ此規定アルトキハ政府ノ粗漏ニ由リ數年若クハ十數年ノ後ニ至リ意外ノ追徵ヲ受ケ迷惑ヲ蒙ルモノナカルヘシ
但書ノ塲合ハ現今ニ在テハ明治廿二年三月十三日法律第九號國稅徵收法第十七條ヨリ第十九條ニ至ル塲合ノ如キ之レナリ

第七章　歲計剩餘定額繰越豫算外收入及定額戾入

第二十條　各年度ニ於テ歲計ニ剩餘アルトキハ其ノ翌年度ノ歲入ニ繰入ルヘシ

本條ハ歲計剩餘ノ處分ヲ示シタルモノナリ
歲計剩餘トハ歲入金ヲ以テ經費ヲ支辨シタル後餘レルモノヲ云フ會計規則第四十七條ニ各年度ノ仕拂命令ニシテ翌年度八月三

十一日迄ニ仕拂濟トナラサルモノニ對スル資金ハ本條ノ歳計剩餘ニ組入レスシテ別途ニ整理スヘキヿヲ規定シタレハ此歳計剩餘トハ歳入實收額ヨリ仕拂命令額ヲ扣除シタル殘高ナリト知ルヘシ

歳計剩餘金ハ從前準備金ニ組入レタレトモ今後ハ翌年度ノ歳入ニ繰入ルヽナリ蓋シ準備金元來ノ目的ハ紙幣ノ交換ニ備ヘタルモノニシテ其充實ヲ計リ歳計剩餘ヲ之ニ繰入セシモ日本銀行ヲシテ兌換券ヲ發行セシメ紙幣制度ノ統一ヲ期シ政府ノ發行ハ漸次廢止セラルヘキノ今日ニ及ンテ復タ準備金ノ必要アルヿナシ故ニ本條ノ如ク規定セラレタルナラン

參看

會計規則

第四十七條　各年度ノ仕拂命令ニシテ翌年度八月三十一日マテニ仕拂ノ請求ナキ仕拂命令濟金額ニ相當スル資金ハ會計法第二十條ノ歳計剩餘ニ組入レス國庫ニ於テ繰越整理スヘシ

第二十一條　豫算ニ於テ特ニ明許シタルモノ及一年度內ニ終ルヘキ工事又ハ製造ニシテ避クヘカラサル事故ノ爲ニ事業ヲ遲延シ年度內ニ其ノ經費ノ支出ヲ終ヲサリシモノハ之ヲ翌年度ニ繰越シ使用スルコトヲ得

本條ハ定額ノ繰越使用ヲナシ得ヘキ場合ヲ示シタルモノナリ豫算ニ於テ特ニ明許シタルモノトハ某ノ經費ハ特ニ繰越使用スルヿヲ得ル旨豫算ニ明言シアルモノヲ云フ此レ其事業ノ一年度

內ニ終ルヘキヲ豫期セサリシ場合ナリ
一年度內ニ終ルベキトハ其經費ノ屬スル當該年度內ニ終ルヘキヲ云フ豫算外ニ國庫負擔ノ契約ヲナスコトハ憲法第六十二條末項ノ制限アリ故ニ豫算內ノ契約ナレハ自然他年度ニ涉ルコトナクシテ一年度內ニ終ラサル工事等ハ在ルヘカラサルノ理ナリ然レ𪜈天災事變等ノ爲メニハ事業ノ遲延ヲ來スコトナキ能ハス故ニ此場合ニハ特ニ繰越使用ヲ許スナリ避クヘカラサル事故トハ天災事變ノ如キ豫期シ得サルモノヲ云フ
繰越トハ某年度ノ經費トシテ決定シタル豫算定額ノ全部又ハ一部ヲ翌年度ニ移シテ使用スルモノヲ云フ憲法第六十四條ニ歲出入ハ每年豫算ヲ以テ帝國議會ノ協贊ヲ經ヘシトアリテ今年ハ今年ノ豫算アリ明年ハ又明年ノ豫算アルヘキナリ故ニ本法第三條

ニ各年度ニ於テ決定シタル定額ヲ以テ他ノ年度ノ經費ニ充ツルコトヲ得サルノ規定アリ然レ圧本條ノ場合ノ如キハ固ト一年度內ニ完結スヘキヲ豫期セサリシカ又ハ然ラサルモ事實已ムヲ得サルモノニ限リ手續ヲ畧シテ繰越ヲ得セシムルヿ實際ノ便宜ニシテ之ヲ以テ憲法ヲ傷ツクルモノト云フヘカラス

抑〻定額トハ國庫ニ對スル各省大臣ノ仕拂權ヲ云フモノナレハ定額繰越ハ其年度ニ使用セサリシ此仕拂權ヲ翌年度ニ移スニ過キスシテ定額繰越ノアリタル場合ニ其定額ヲ支辨スヘキ國庫ノ資金ヲモ併セテ繰越スモノニハアラサルナリ定額トハ單ニ權ニシテ之ヲ支辨スヘキ國庫ノ資金トハ自ラ別物ナリ故ニ定額即チ仕拂權ヲ使用セサルカ爲メニ餘レル國庫ノ資金ハ歳計剩餘ニシテ前條ニ依テ處分スヘキモノナリ

會計規則第二條ニ歲出ノ所屬年度ヲ定メ其第四項ニ廳中雜費土木建築費其他物件ノ購入代價ノ類ハ契約ヲ爲シタル日ヲ以テ年度ヲ區分スヘキモノトシ又第四十四條ニ各年度ニ屬スル仕拂命令ハ翌年度六月三十日迄ハ之ヲ發スルヿヲ得ルモノトセリ左レハ受負事業ノ如キ年度內ニ契約濟トナリタルモノハ其竣功三月三十一日ヲ超ユルモ翌年度六月三十日迄ニ竣功シテ代價ノ支出ヲ終ルトキハ本條ニ依テ繰越ヲナスヲ要セス其年度ノ決算ニ立ツルヿヲ得テ實際年度後ニ三ケ月ノ猶豫アルモノナリ故ニ契約濟トナリタル事業ニシテ繰越ヲ要スルハ非常ノ大遲延ヲ來ス場合ノミニシテ實際ニハ多クアラサルヘシ但シ直接ニ從事スル工事製造ニシテ日々ノ契約ニ係ル職工賃ノ如キモノハ三月三十一日限リニテ其餘ハ繰越ヲ要スル部分トナルヘシ

第七章　歲計剩餘定額繰越豫算外收入及定額戾入

參看

憲法

第六十二條　國債ヲ起シ及豫算ニ定メタルモノヲ除ク外國庫ノ負擔トナルヘキ契約ヲ爲スハ帝國議會ノ協贊ヲ經ヘシ

會計規則

第五十七條　各省大臣會計法第二十一條及第二十二條ニ據リ定額ヲ翌年度ニ繰越サントスルトキハ年度經過後一箇月以内ニ繰越計算書ヲ作リ大藏大臣ノ承認ヲ經ヘシ

本條繰越計算書ハ歳出豫算ノ區分ニ從ヒ調製シ左ノ事項ヲ示スヘシ

第一　繰越ヲ要スル項ノ定額

第二　右定額ニ對シ年度內ニ仕拂命令濟トナリタル額
第三　右定額ニ對シ仕拂命令ヲ發スヘキ額即チ翌年度ニ繰越ヲ要スル額
第四　右定額中全ク不用ニ歸シ決算ニ於テ取消スヘキ額

第五十八條　會計法第二十一條ニ據リ年度內ニ其經費ノ支出ヲ終ラサリシ金額ヲ翌年度ニ繰越サントスルトキハ其繰越サントスル金額ノ計算書ニ各事件每ニ竣功遲延ノ事由ヲ示シ又請負ニテ爲サシムル工事若クハ製造ナレハ竣功遲延ノ事由ノ外ニ請負人職業住所氏名ヲ示シ契約書ノ寫ヲ添ユヘシ

第五十九條　大藏大臣各省定額ノ繰越ヲ承認シタルトキハ

第七章　歲計剩餘定額繰越豫算外收入及定額戾入

之ヲ會計撿查院ニ通知スヘシ

第二十二條　數年ヲ期シテ竣功スヘキ工事製造及其ノ他ノ事業ニシテ繼續費トシテ總額ヲ定メタルモノハ每年度ノ仕拂殘額ヲ竣功年度マテ遞次繰越使用スルコトヲ得

本條ハ繼續費ノ場合ニ於テノ繰越使用ヲ示シタルモノナリ

憲法第六十八條ニ特別ノ須要ニ因リ政府ハ豫メ年限ヲ定メ繼續費トシテ帝國議會ノ協贊ヲ求ムルコトヲ得トアリ元來豫算ハ一年度限リノモノニシテ年々議定ヲ經ヘキモノナレハ事業ノ性質ニ由リ豫メ全体ノ經畫ヲ立テサレハ着手スヘカラサルモノアリテ一年ヲ以テ竣功スヘカラサル事業ノ爲メニハ年度ニ拘ハラス豫メ總額ヲ定ムルノ必要アリ此ノ如ク總額ヲ定メテ數年間打續

ク所ノ費用ヲ繼續費ト云フ其性質既ニ年々打切ルヘキモノニアラサレハ毎年度ノ仕拂殘額ヲ繰越スコトハ理ノ當ニ然ルヘキ所ナリ

本條ノ竣功年度トアルヲ憲法ノ明文ニ年限ヲ定メトアルニ依テ豫定シタル年限ヲ云フトナシ此ノ豫定年度ノ事業ニシテ正當ノ事故ノ爲メニ遲延スルトキハ前條ヲ適用シ尙ホ其翌年マテ繰越使用スルコトヲ得ヘシト云フノ說アリ然レトモ前條ノ事故ノ爲メニ繰越ヲナシ得ルモノハ工事製造ニ限リ本條ニハ其ノ他ノ事業トアリテ法律編纂ノ如キ其他種々ノ事業ヲ包含スレハ此等ニ對シテハ通用スヘキニアラス若シ又工事製造外ノ事業ニシテ豫定年限ニ至リ竣功セサルモノアル場合ニハ僅々タル殘事業ノ爲メニモ豫算ノ議決ヲ仰カサルヘカラサルモノトセンカ然ルトキハ

遂ニ本條制定ノ趣意ヲ失フニ至ラン蓋シ本條ノ趣意ハ豫定年限ヲ云フニアラスシテ實際ノ竣功年度ヲ云フナリ但シ實際ノ竣功年度マテ繰越ヲ許ストキハ事業ノ遲延ヲ來シ豫算ノ効力ヲ減殺スルノ恐レアルヘシ故ニ憲法ニ年限ヲ定メトアルモ之カ爲メナリトノ議論モアランカ然レ𪜈既ニ一定シタル總額ノアルアレハ別ニ弊害ヲ生スルヿナカルヘキナリ

參看

憲法

第六十八條　特別ノ須要ニ因リ政府ハ豫メ年限ヲ定メ繼續費トシテ帝國議會ノ協賛ヲ求ムルヿヲ得

會計規則(前條ノ參看ヲ見ヨ)

第二十三條　誤拂過渡トナリタル金額ノ返納出納ノ完

結シタル年度ニ屬スル收入及其ノ他一切豫算外ノ收入ハ總テ現年度ノ歳入ニ組入ルヘシ但シ法律勅令ニ依リ前金渡概算渡繰替拂ヲ爲シタル場合ニ於ケル返納金ハ各々之ヲ仕拂ヒタル經費ノ定額ニ戻入ルヽコトヲ得

本條ハ豫算外收入ノ處分ヲ示シタルモノナリ

誤拂トハ拂フヘカラサルモノヲ仕拂ヒ又ハ甲者ニ仕拂フヘキモノヲ乙者ニ仕拂ヒタルヲ云ヒ過渡トハ仕拂フヘキ金額ヲ超過シテ仕拂ヒタルモノヲ云フ此誤拂過渡アリタルトキハ受取人ヨリ返納セシムヘキハ勿論ノコトナリ

出納ノ完結シタル年度ニ屬スル收入トハ過年度ノ收入ニシテ所屬年度ニ於テ收入漏トナリタルモノヲ云フ但シ出納事務ノ完結

ハ年度後八ケ月即チ翌年度十一月三十日(本法第一條)ナレトモ金庫ノ現金出納ハ年度後五ケ月即チ翌年度八月三十一日限リ(規則第三條)ナレハ此期限即チ翌年度八月三十一日ヲ過キタルモノハ過年度收入トナルヘシ尤モ會計規則第一條ノ年度區分ニ依レハ過年度收入トナルヘキモノハ一定ノ納期アツテ收入漏トナリタルモノ又ハ徵稅令書若クハ納入告知書ヲ發セシモ翌年度八月三十一日マテニ納濟トナラサリシモノヽミニ限リ納期ノ一定セサル收入ニシテ徵稅令書若クハ納入告知書ヲ發セサリシモノハ縱令ヒ其收入ヲ生スヘキ事實ノ數年前ニアリシモノニテモ過年度收入トハナラサルナリ

其他豫算外ノ收入トハ重モニ盜難金ノ辨償違約ノ辨償金ノ如キモノ是ナリ

以上ノ收入ハ其收入ヲ生スヘキ事實ノ屬スル年度ニ拘ハラス總テ其收入ヲナストキノ年度ノ歲入ニ組入ルヽモノトス即チ會計規則第一條ノ第二第三項ニ從ヒ納入告知書ヲ發シタル日又ハ領收ヲナシタル日ノ年度ノ歲入トナルナリ

從來誤拂過渡ハ其仕拂ヒタル經費ヘ戾入レタレトモ元來誤拂過渡ハ大抵算法上ノ誤リ等ヨリ生スル小金額ニシテ之ヲ定額ニ戾入スルハ手數多クシテ却テ會計ノ整理ヲ遲延スルノ恐レアリ且ツ誤拂過渡ハ注意ヲ厚クスレハ之ヲ避クルヲ得ヘシ故ニ本法ニテハ取扱上便宜ノ爲メ之ヲ歲入ニ組入ルヽ䒭トセルナリ白耳義ノ會計法亦之ヲ歲入トス

前金渡トハ本法第十五條第二項ノ現金前渡及第二十五條ノ軍艦兵器彈藥ノ買入ニ係ル前金拂ヲ云ヒ概算渡トハ出發ニ際シ見積

リヲ以テ渡ス旅費ノ類ヲ云ヒ繰替拂トハ他廳ノ爲メ一時立替仕拂ヒタルモノヲ云フ此等ハ皆仕拂ノ際拂切リタルモノニアラスシテ返納アルヘキヲ豫期セシモノナレハ特ニ經費ノ定額ニ戻入スルヿヲ許スナリ但シ法律勅令ニ依リトアルカ故ニ法律勅令ヲ以テ特ニ許サレタル前金渡概算渡繰替拂ナラサルヘカラス若シ法律勅令ニ依ラサル前金渡概算渡繰替拂ヲナシタルトキハ即チ誤拂又ハ過渡ニシテ其返納ハ之ヲ歳入ニ組入レサルヘカラサルナリ

參看

會計規則

第六十三條　各省大臣會計法第二十三條但書ニ據リ定額ノ戻入ヲ爲サントスルトキハ定額戻入要求書ヲ作リ大藏大

臣ノ撿視ヲ受クヘシ

第六十四條　定額戻入要求書ニハ左ノ事項ヲ示スヘシ

第一　戻入ルヘキ金額

第二　金庫ニ於テ返納金ヲ領收シタル日付

第三　前金渡概算渡繰替拂ヲ爲シタル仕拂命令ノ金額、年度、科目、番號、日付

第四　戻入ノ事由

第六十五條　各年度ニ屬スル定額戻入ノ要求ヲ爲スハ翌年度六月三十日ヲ過クルコトヲ得ス

第六十六條　大藏大臣各省大臣ノ要求ニヨリ定額ノ戻入ヲ撿視シタルトキハ之ヲ會計撿査院ニ通知スヘシ

概算渡前金渡方　明治二十二年十一月廿日勅令第百二十一號

第一條　內國及外國出張ヲ命シタル者ノ旅費ハ旅行ノ見積リ行程及日數ニ依リ概算渡ヲ爲スコトヲ得

第二條　外國留學ヲ命シタル者ニ支給スル學資金及諸手當ハ給額半箇年分以內ニ於テ前金渡ヲ爲スコトヲ得

第三條　地方稅ノ補助トシテ國庫ヨリ支出スル府縣警察費連帶支辨金ハ豫算ニ依リ概算渡ヲ爲スコトヲ得

第八章　政府ノ工事及物件ノ賣買貸借

第二十四條　法律勅令ヲ以テ定メタル場合ノ外政府ノ工事又ハ物件ノ賣買貸借ハ總テ公告シテ競爭ニ付スヘシ但シ左ノ場合ニ於テハ競爭ニ付セス隨意ノ約定ニ依ルコトヲ得ヘシ

本條ハ工事又ハ物件ノ賣買貸借ハ總テ競爭ニ付スヘキヿヲ示シ

タルモノナリ工事トハ土木營繕ヲ云ヒ物件トハ動產不動產勞力等有形物無形物ヲ包含シテ云フ公告シテ競爭ニ付スヘシトハ揭示又ハ官報新聞紙等ニテ公告ヲナシ入札又ハ其他ノ方法ヲ以テ廣ク競爭ヲナサシムルヲ云フ但シ會計規則ニ競爭ハ總テ入札法ヲ用フルモノトセリ

本條ノ規定ナキトキハ取引ノ間ニ私曲行ハレ易ケレトモ廣ク競爭ニ付スルトキハ政府ノ取扱ヲ公明ニシ當局官吏ノ廉正ヲ保チ政府ノ爲メニ經濟上ノ利益モ少ナカラサルナリ

工事及物件ノ賣買貸借ト云ヘハ其意廣クシテ一切ノ取引ヲ包括ス然ルニ運搬ノ契約ハ本條ノ規定外ナリトノ說アリ然レトモ余輩ハ既ニ物件ヲ解釋シテ動產不動產勞力等有形物無形物ヲ包含スルモノトセリ左レハ運搬ト云ヘル仕事ハ即チ一ノ物件ニシテ

或ル物ヲ一所ヨリ他所ニ移サシメ之ニ對シテ代價ヲ仕拂フトキハ通例之ヲ運搬費ト云フ即チ物件ノ買入代ニシテ之ヲ本條ノ規定外ナリト云フヘカラス又物件トハ有形物ニ限リ勞力ノ如キハ此内ニアラスト云フモノアレトモ但書第十二第十三ノ場合ニ於テ貧民ノ傭役囚徒ノ傭役ニ對シ示セルモノアルヲ以テ見レハ本條ノ物件ニ勞力ヲ含ムコト明カナリトス但書ノ場合ニハ何レモ物品トノミアリテ物件トアラス例ヘハ第七ノ場合ニ五百圓ヲ超ヘサル工事又ハ物品ノ買入借入トアルカ故ニ勞力ノ傭入ナルトキハ五百圓未滿ノモノモ一々競爭ニ付セサルヘカラサルコトナリテ不都合ヲ生スヘケレハ此等ハ物件ト書セルモノト同一ニ解釋シテ不可ナカラン

法律勅令ヲ以テ定メタル場合ノ外トアルハ政略上又ハ經濟上ノ

利益ノ爲メニ別ニ方法ヲ定ムルコトアリ即チ北海道土地拂下ノ如キ其一例ナリ此レハ法律勅令ヲ以テ取引ノ方法ヲ定メタルモノニ係リ必ス其方法ニ依ルヘキモノニシテ但書ノ場合ハ競爭ヲ以テ本則トシ隨意ノ約定ト云ヘル一方法ニ依ルヿヲ得ルノ便宜ヲ與ヘラレタルナリ

隨意ノ約定トハ競爭ニ依ラスシテ適當ト認ムル一人若クハ數人又ハ一會社若クハ數會社ト相對ニ約定スルヲ云フ即チ隨意ノ約定ヲ爲シ得ヘキ場合ハ

第一　一人又ハ一會社ニテ專有スル物品ヲ買入又ハ借入ルヽトキ

專賣特許品又ハ書畵古器物ノ如キ秘藏ノ美術品等ハ競爭者アラスシテ却テ公告等ノ費用ヲ損スヘク經濟上不利益ナレハナリ

第二　政府ノ所爲ヲ秘密ニスヘキ場合ニ於テ命スル工事又ハ物品ノ賣買貸借ヲ爲ストキ

軍備又ハ外交ニ關スルモノヽ如キ競爭ニ付シテ事實ヲ暴露スルトキハ政畧上ノ妨害トナルモノアルヘケレハナリ

第三　非常急遽ノ際工事又ハ物品ノ買入借入ヲ爲スニ競爭ニ付スル暇ナキトキ

天災事變ノ如キ場合ニシテ競爭ニ付スヘキ暇ナキ急遽ニ際シテハ已ムコトヲ得サレハナリ

第四　特種ノ物質又ハ特別使用ノ目的アルニ由リ生産製造ノ場所又ハ生産者製造者ヨリ直接ニ物品ノ買入ヲ要スルトキ

特種ノ物質トハ某炭坑ノ石炭ト云フカ如キ物質ニ限リアルモノ又特別使用ノ目的トハ某地某人ノ生産製造物ニ限リ使用ノ目的アルモノヲ云フ本項ノ場合モ亦第一項ト全シク競爭ニ付スルノ要ナケレハナリ

第五　特別ノ技術家ニ命スルニ非サレハ製造シ得ヘカラサル製造品及機械ヲ買入ルヽトキ

某技術家ニアラサレハ製造シ能ハサルモノナレハ亦競爭ニ付スルノ効ナケレハナリ

第六　土地家屋ノ買入又ハ借入ヲ爲スニ當リ其ノ位置又ハ構造等ニ限アル場合

某地所在若クハ幾坪幾間ノ土地家屋又ハ煉瓦石造若クハ幾層家

屋ト云フカ如キ制限アル場合ニハ亦競爭ニ付スルノ効アラサルヘケレハナリ

第七　五百圓ヲ超エサル工事又ハ物品ノ買入借入ノ契約ヲ爲ストキ

小金額ノモノマテモ一々競爭ニ付スルハ却テ經濟上不利益ナルヘケレハナリ五百圓トハ一トロニ付テ云フナリ五百圓以上ノ工事等ニテモ故ラニ數口ニ分割シテ五百圓未滿ノモノトナシ以テ競爭ノ手續ヲ避クルカ如キヿナカランヲ要ス

第八　見積價格二百圓ヲ超エサル動産ヲ賣拂フトキ

見積リ價格トハ政府ニ於テ見積リタル價格ヲ云フ本項モ其趣意前項ニ仝シ但シ金額ノ更ニ小ナルハ本項ハ見積價格ナレハ故ラ

ニ小金額ニ見積リ以テ競爭ノ手續ヲ避クルノ弊ヲ慮リタルナラン但不動產ナルトキハ假令二百圓以下ノ小價格ノモノト雖モ競爭ニ付スヘキハ勿論ナリ

第九　軍艦ヲ買入ルヽトキ

軍艦ニハ制限アリ出來合ニテ適當ノモノハ多カラサルヘク新造ノ場合ナラハ粗造等ノ弊ニ陷リ軍備ノ目的ヲ誤ルヘケレハナリ

第十　軍馬ヲ買入ルヽトキ

軍馬ニモ亦制限アリ競爭ニ付シ得ヘカラサレハナリ

第十一　試驗ノ爲ニ工作製造ヲ命シ又ハ物品ヲ買入ルヽトキ

其物ヲ試驗センカ爲メノ製造又ハ買入ナレハ競爭ニ付スル能ハサレハナリ

第十二　慈惠ノ爲ニ設立セル救育所ノ貧民ヲ傭役シ及其ノ生産又ハ製造物品ヲ直接ニ買入ルヽトキ

慈善事業奬勵ノ一端トナレハナリ

第十三　囚徒ヲ傭役シ又ハ囚徒ノ製造物品ヲ直接ニ買入ルヽトキ及政府ノ設立ニ係ル農工業場ヨリ直接ニ其ノ生産又ハ製造物品ヲ買入ルヽトキ

政府間ノ取引ナレハ弊害アラサルヘケレハナリ

第十四　政府ノ設立シタル農工業場又ハ慈惠教育ニ係ル各所ノ生産製造物品及囚徒ノ製造物品ヲ賣拂フトキ

商業的ノ性質ヲ帶ヒ定價ヲ以テ賣拂フモノヽ如キ競爭ニ付スルコト能ハサレハナリ

參看

會計規則

第六十七條　契約ニ據リ工事ノ既濟部分又ハ物品ノ既納部分ニ對シ完濟前ニ代價ノ一部分ヲ仕拂ハントスルトキハ各省大臣ハ特ニ撿查ノ官吏ヲ命シテ事實ヲ調定シ其調書ヲ作ラシムヘシ

仕拂命令官ハ前項ノ調書ニ據ルニアラサレハ仕拂命令ヲ發スルコトヲ得ス

第六十八條　前條ノ仕拂ヲ爲サントスルトキハ工事ノ既濟又ハ物品ノ既納トナリタル部分ニ對スル代價ノ五分ノ四

ヲ超ユヘカラス

第六十九條　工事又ハ物品供給ノ競爭ニ加ハラントシ若クハ其契約ヲ結ハントスル者ハ其工事又ハ物品ノ供給ニ二年以來從事スルコトヲ證明スヘシ

工事又ハ物品供給ノ競爭ニ加ハラントシ若クハ其契約ヲ結ハントスル者ハ現金又ハ公債證書ヲ以テ保證金ヲ納ムヘシ

第七十條　前條ノ保證金ハ左ノ制限ニ據リ各省大臣之ヲ定ムヘシ

第一　競爭ニ加ハラントスル者ハ其事項ノ見積代金ノ百分ノ五以上

第二　契約ヲ結ハントスル者ハ其事項ノ代金ノ百分ノ

十以上

第七十一條　競爭ノ落札者請負ノ契約ヲ結ハサルトキハ其保證金ハ政府ノ所得トス

第七十二條　競爭ハ總テ入札ノ方法ヲ以テ之ヲ行フヘシ

第七十三條　入札ノ方法ヲ以テ工事又ハ物件ノ賣買貸借ヲ契約セントスルトキハ其入札期日ヨリ少ナクモ十五日以前ヨリ掲示又ハ官報新聞紙其他ノ方法ヲ以テ成ルヘク廣ク公告スヘシ

第七十四條　前條ノ公告ニハ左ノ事項ヲ示スヘシ

第一　競爭入札ニ付スル事項

第二　契約書案ヲ示ス場所及其契約ノ取結ヲ擔任スル官吏ノ官氏名

第八章　政府ノ工事及物件ノ賣買貸借

第三　競爭執行ノ場所日限及時刻

第四　入札ノ保證金額

第七十五條　各省大臣若クハ其委任ヲ受ケタル官吏ハ其競爭入札ニ付シタル工事又ハ物件ノ價格ヲ豫定シ其豫定價格ヲ封書トシ開札ノトキ之ヲ開札場所ニ置クヘシ

第七十六條　開札ハ公告ニ示シタル場所日限時刻ニ入札人ノ面前ニ於テ之ヲ行フヘシ

入札人又ハ其代理人若シ開札ノ場所ニ出席セサルトキハ其入札ハ無効トス

第七十七條　開札ノ上ニテ各人ノ入札中一モ第七十五條ニ據リ豫定シタル價格ノ制限ニ達セサルトキハ直ニ入札人ヲシテ再度ノ入札ヲ爲サシムルコトヲ得

第七十八條　落札トナルヘキ同價ノ入札ヲ爲シタル者數名アルトキハ同價ノ入札者ヲシテ直ニ再度ノ入札ヲ爲サシムヘシ

再度ノ入札ヲ爲スモ尚同價ノ入札アルトキハ直ニ抽籤ヲ以テ落札人ヲ定ムヘシ

第七十九條　競爭ノ落札者請負ノ契約ヲ結ハサルトキハ更ニ競爭ヲ行フヘシ

第八十條　工事及物件ノ賣買貸借契約書ニハ其契約セントスル事項ノ細密ナル設計、仕譯、落成期限、受渡期限、保證金額、契約違背ノトキ保證金ニ對スル處分、其他一切必要ナル條件ヲ揭クヘシ

第八十一條　契約ハ各省大臣若クハ特ニ其委任ヲ受ケタル

官吏其契約書ニ署名捺印スルニアラサレハ確定セサルモノトス

第八十二條　隨意契約書ハ第八十條及第八十一條ニ準據シ之ヲ作ルヘシ但一口五百圓未滿ノ隨意契約ノ場合ニ於テハ左ノ書類ノ一ヲ以テ契約書ニ代用スルコトヲ得

第一　設計仕譯書ノ末ニ請負人ノ署名捺印シタルモノ

第二　請負人ノ署名捺印セル承諾書

第三　商業上ノ習慣ニ從ヘル往復書

第八十三條　隨意契約ノ場合ニ於テハ各省大臣ノ見込ニヨリ請負人ノ保證金ヲ免除スルコトヲ得

第二十五條　軍艦兵器彈藥ヲ除ク外工事製造又ハ物件買入ノ爲ニ前金拂ヲ爲スコトヲ得ス

本條ハ特別ノ場合ノ外前金拂ノ禁止ヲ示シタルモノナリ
前金拂トハ未濟ノ工事未納ノ物品ニ對シ手附金又ハ代價ノ全部若クハ一部分ヲ仕拂フヲ云フ蓋シ前金拂ヲナストキハ違約アリタル場合ニ政府ノ損失ニ歸スルコトアルヘキカ故ニ此ノ如ク規定シテ之ヲ禁セルナリ但シ之カ爲メニ其利子丈ケ代價ヲ高ムルコトアルヘキモ前金拂ヨリ生スル弊害ヲ避ケンカ爲メニハ已ムヘカラサルヿナリ
前金拂ヲ禁スルトキハ新聞雜誌ノ如キ前金拂ノ習慣アルモノヽ購入ニ差支ヲ生ストイヘトモ政府ノ信用ヲ以テ後拂ヲ約束スルコト難カラス若シ又新聞社等ニテ强テ前金拂ヲ要求セハ多少手數料ヲ要スヘキモ直接購入ヲ止メ請負人ヲ定メテ後拂ノ買入トナスコトモ容易ナルヘシ

軍艦兵器彈藥ニ限リ前金拂ヲ許ス所以ノモノハ此等ハ軍備ニ關スルモノニシテ各國鋭利ヲ競フノ今日ニ於テ法規ニ拘束セラレテ軍備ノ効力ヲ薄フスルカ如キコトアラシムヘカラス且ツ金額モ概子巨大ノモノナレハ却テ不經濟ノ大ナルモノモアルヘケレハナリ

第九章　出納官吏

第二十六條　政府ニ屬スル現金若ハ物品ノ出納ヲ掌ル所ノ官吏ハ其ノ現金若ハ物品ニ付一切ノ責任ヲ負ヒ會計撿査院ノ撿査判決ヲ受クヘシ

本條ハ出納官吏ノ責任ヲ示シタルモノナリ

政府ニ屬スル現金若クハ物品ノ出納ヲ掌ル所ノ官吏トハ即チ出納官吏ニシテ會計主務官收入官吏現金前渡ヲ受ケダル官吏及物

品會計官吏之レナリ此等出納官吏タルモノハ其掌ル所ノ金錢物品ニ付一切ノ責任ヲ負擔シ其責任ノ解除ヲ得ンカ爲メニ會計檢査院ノ檢査判決ヲ受クヘキモノナリ
出納官吏ノ責任ハ私法上ノ關係ヲ有シ其政府ノ金錢物品ニ於ケルハ銀行ニ於テ官金取扱ノ委托ヲ受ケタル場合ト異ナラス故ニ其出納ハ之ヲ會計檢査院ニ證明シ其檢査判決ヲ受ケサルヘカラサルナリ會計檢査院法第二十條ニ云ク會計檢査院ハ出納官吏ノ計算書及ヒ證憑書類ヲ檢査シ正當ナリト判決シタルトキハ該官ニ對シ認可狀ヲ付シ其責任ヲ解除ス若必要ナル場合ニ於テハ之ヲ推問シ辯明又ハ正誤ヲ爲サシメ仍正當ナラスト判決シタルトキハ本屬長官ニ移牒シテ處分ヲ爲サシムト此會計檢査院ノ裁判ニ聽タル職務ニ屬スルモノナリ

参看

會計規則

第八十四條　出納官吏ハ其責任ニ屬スル會計ニ付自身ニ事務ヲ執ラサルヲ理由トシテ其責任ヲ免ルヽコトヲ得ス但各省大臣ノ命令ヲ以テ特ニ其代理官ヲ定メタルトキハ其代理官ノ所爲ニ付テハ本條ノ限ニアラス

第八十五條　各省大臣ノ命シタル出納官吏代理官ハ其代理シタル所爲ニ付會計法第二十六條ノ責任ヲ免ルヽコトヲ得ス

第八十六條　出納官吏ハ各省大臣ニ隷屬シ大藏大臣ノ指揮監督ヲ受クヘシ

第八十七條　會計主務官トナルヘキ官吏ノ任命罷免ハ豫メ

大藏大臣ノ同意ヲ要ス但陸海軍武官ニ係ル場合ハ本條ノ限ニアラス

第八十八條　各省大臣ハ所屬出納官吏ノ所爲ニ由リ政府ノ損失ヲ生シタリト認ムル場合ニ於テハ會計撿査院ノ判決以前ト雖氏其出納官吏ニ向テ辨償ヲ命スルコトヲ得

第八十九條　前條ノ場合ニ於テ其辨償ヲ命セラレタル出納官吏負擔ノ責ヲ免ルヘキ理由アリト信スルトキハ計算書ヲ作リ證憑書類ヲ添ヘ本屬大臣ヲ經由シテ之ヲ會計撿査院ニ送付シ其判決ヲ求ムルコトヲ得

各省大臣ハ前項ノ場合ト雖氏其命シタル損失金ノ辨償ヲ猶豫セス

會計撿査院ニ於テ其出納官吏ニ向テ辨償ノ責ナシト判決

シタルトキハ其既納ニ係ル辨償金ハ直ニ之ヲ還付ス

第九十條　現金ヲ領收スル收入官吏及現金前渡ヲ受ケタル官吏交替ノトキハ本屬大臣ヨリ特ニ命シタル撿査員ノ立會ヲ以テ會計事務ノ引繼ヲ爲スヘシ

第九十一條　現金ヲ領收スル收入官吏及現金前渡ヲ受ケタル官吏ノ帳簿金櫃ハ每年三月三十一日若クハ該官吏轉免死亡停職ノトキ本屬大臣撿査員ヲ命シテ之ヲ撿査セシムヘシ但臨時ニ現金前渡ヲ受ケタル官吏ノ帳簿金櫃ハ定時ノ撿査ヲ要セス

大藏大臣又ハ各省大臣ハ必要ト認ムルトキハ臨時ニ撿査員ヲ命シテ現金ヲ領收スル收入官吏及現金前渡ヲ受ケタル官吏ノ帳簿金櫃ヲ撿査セシムルコトアルヘシ

第九十二條　前條ノ檢査ヲ執行スルニ當リ主務ノ出納官吏事故ニ由リ自身檢査ヲ受クル能ハサルトキハ其代理者若クハ特ニ本屬大臣ノ命シタル官吏ニ於テ立會ヲ爲スヘシ

第九十三條　現金ヲ領收スル收入官吏及現金前渡ヲ受ケタル官吏ノ帳簿金櫃ヲ檢査シタルトキハ其檢定書二通ヲ製シ檢査員及主務ノ出納官吏若クハ立會人之ニ署名シ一通ハ該官吏若クハ立會人ニ交付シ一通ハ本屬大臣ニ提出スヘシ

第九十四條　現金ヲ領收スル收入官吏及現金前渡ヲ受ケタル官吏他ノ公金ノ出納ヲ兼掌スルトキハ別ニ檢査ノ方法アルニ拘ハラス金櫃ノ檢査ヲ執行スル場合ニ於テハ他ノ公金ヲ併セテ檢査ヲ行フヘシ

第九十五條　會計主務官ハ每年度經過後五ヶ月以內又收入官吏ハ每年度經過後七ヶ月以內ニ會計檢査院ノ檢査判決ヲ受クル爲メ每年度會計事務ノ計算書ヲ調製シ證憑書類ヲ添ヘ之ヲ其所屬省又ハ歲入ノ事務管理廳ニ送付スヘシ

第九十六條　各省又ハ歲入ノ事務管理廳ノ部局長若クハ特ニ監督ノ任アル官吏ハ前條計算書ノ下檢査ヲ執行シ其下檢査書ヲ添ヘ之ヲ會計檢査院ニ送付スヘシ

第九十七條　現金ヲ領收スル收入官吏ハ會計檢査院ノ檢査判決ヲ受クル爲メ一年度內ニ執行シタル出納ノ計算書ヲ調製シ證憑書類ヲ添ヘ每年度經過後二ヶ月以內ニ歲入ノ事務管理廳ヲ經由シテ之ヲ會計檢査院ニ送付スヘシ

在外各廳ニ勤務スル現金ヲ領收スル收入官吏ノ前條計算

書及證憑書類ハ每年度經過後一箇月以內ニ其廳ヲ發シ之ヲ歲入ノ事務管理廳ニ送付シ其管理廳ハ之ヲ會計檢査院ニ送付スヘシ

第九十八條　現金前渡ヲ受タル官吏ハ會計檢査院ノ檢査判決ヲ受クル爲メ各省大臣ノ定ムル所ニ據リ每月一回若クハ數回經費仕拂ノ計算書ヲ調製シ證憑書類ヲ添ヘ仕拂命令官ニ送付シ仕拂命令官ハ其下檢査ヲ執行シ下檢査書ヲ添ヘ之ヲ會計檢査院ニ送付スヘシ但行軍費航海費ノ如キハ行軍若クハ航海ノ終リタルトキ本條ノ手續ヲ爲スコトヲ得

第九十九條　出納官吏交替ヲ爲シタルトキハ其在職期限經過後六十日以內ニ其在職期限間ニ執行シタル會計ノ計算

書ヲ調製シ第九十五條第九十七條第九十八條ノ手續ヲ爲スヘシ

第百條　出納官吏死亡其他ノ事故ニ由リ自身ニ計算書ヲ調製スル能ハサルトキハ各省大臣特ニ命シタル官吏ヲシテ之ヲ調製セシムヘシ

出納官吏定期內ニ計算書ヲ送付セサルトキハ各省大臣ハ他ノ官吏ニ命シテ之ヲ調製セシムヘシ

本條ニ據リ調製シタル計算書ハ出納官吏ノ自身ニ調製シタルモノト見做シ會計檢查院ニ於テ檢查判決ヲ爲スヘシ

第百一條　出納官吏ノ計算書ハ提出ノ後修正變更スルコトヲ得ス

物品會計規則　明治二十二年六月十一日勅令第八十四號

第四條　物品ヲ保管シ之カ出納ヲ掌ル者ヲ物品會計官吏トス

第九條　物品會計官吏ハ各省大臣ノ命シタル代理官ノ所爲ニ就テハ其責任ヲ免ルコトヲ得

物品會計官吏ノ代理官ハ其ノ代理セル所爲ニ就テハ物品會計官吏タルノ責任ヲ免ルコトヲ得ス

第十五條　物品會計官吏ハ會計檢査院ノ檢査判決ヲ受ル爲メ每年度間ニ執行シタル物品出納ノ計算書ヲ製シ年度後四ケ月以內ニ證憑書類ヲ添ヘ之ヲ本屬大臣ニ差出スヘシ

物品會計官吏交替ヲナシタルトキ前任官吏ハ前項ニ準シテ計算書ヲ差出スヘシ但シ前任官吏死亡其他ノ事故ニ由リ自身計算書ヲ調製スル能ハサル場合ニ於テハ各省大臣

第九章　出納官吏

ハ他ノ官吏ニ命シテ之ヲ調製セシムヘシ
第十六條　前條第二項但書ニ據リ調製シタル計算書ハ責任ヲ有スル物品會計官吏ノ自身ニ調製シタルモノト同一ニ見做シ會計檢査院ニ於テ撿査判決ヲナスヘシ
第十七條　各省ノ部局長若ハ特ニ監督ノ任アル官吏ハ第十五條計算書ノ下撿査ヲ執行シ其下撿査書ヲ添付シテ之ヲ會計撿査院ヘ送付スヘシ

會計撿査院法　明治二十二年五月九日法律第十五號

第二十條　會計撿査院ハ出納官吏ノ計算書及證憑書類ヲ撿査シ正當ナリト判決シタルトキハ該官ニ對シ認可狀ヲ付シ其責任ヲ解除ス若必要ナル塲合ニ於テハ之ヲ推問シ辨明又ハ正誤ヲ爲サシメ仍正當ナラストト判決シタルトキハ

本屬長官ニ移牒シテ處分ヲ爲サシム

第二十二條　出納官吏計算書及證憑書ノ提出ヲ怠リ又ハ樣式ヲ守ラサルトキハ會計檢査院ハ本屬長官ニ移牒シテ懲戒處分ヲ要求スルコトヲ得

第二十四條　會計檢査院ハ認可狀ヲ付スルノ後ト雖モ其ノ付シタル日ヨリ五ケ年以內ニ於テハ出納官吏ヨリ之ヲ請求スルカ又ハ計算書ノ誤謬脫漏二重記載アルコトヲ發見シタルトキハ再審ヲ爲スコトヲ得但シ詐僞ノ證憑ヲ發見シタルトキハ五箇年後ト雖モ再審ヲナスコトヲ得

出納官吏ハ會計檢査院再審ノ判決ニ對シテ再ヒ審判ヲ請求スルコトヲ得ス

會計檢査院事務章程　明治二十二年九月廿四日勅令第百六號

第三十六條　會計撿查院ハ撿查ノ成績ニ依リ摘發シタル事項ニ付當該官吏ニ審理書ヲ發付シ答辨又ハ正誤セシム

第三十八條　審理書ニハ左ノ事項ヲ揭ク

第一　不合規ノ件ニ對スル批難

第二　將來ノ措置ニ對スル注意

第三　不明瞭ノ件ニ對スル推問

第三十九條　會計檢查院ハ第一回ノ審理書ニ對スル答辨又ハ正誤ヲ以テ仍ホ不充分ナリト認定シタルトキハ再三審理書ヲ發ス

檢查ノ後計算ヲ正當ナラストト認定シタルトキハ命令官ニ對シテハ之ヲ本屬長官ニ通牒シ出納官吏ニ對シテハ判決書ヲ發ス

第四十條　出納官吏ニ認可狀又ハ判決書ヲ交付シタルトキハ會計檢査院ハ其ノ謄本ヲ以テ大藏大臣ニ通知スヘシ
第四十一條　判決書ヲ發シタルトキハ會計檢査院ハ速ニ本屬長官ニ移牒シテ其ノ處分ヲ要求スヘシ
第四十二條　會計檢査院前項ノ要求ニ對スル本屬長官ノ處分ヲ以テ適當ナラストト認ムルトキハ其ノ由ヲ行務成績書ニ載セ上奏スヘシ
第四十三條　會計檢査院法第二十四條ニ依リ再審ニ關ル出納官吏ノ請求ヲ受理スルハ左ノ場合ニ限ル
第一　計算又ハ事實ニ錯誤アリトスルトキ
第二　脫漏又ハ二重記載アリトスルトキ
第三　新ニ證憑書ヲ發見シタルトキ

第九章　出納官吏

第四　正當ナラサル證憑書ニ據リ判決シタリトスルトキ

第五　判決ヲ以テ法律命令ニ違反セリトスルトキ

第四十四條　再審ノ場合ニ於テハ前ニ該件ノ檢査ヲ擔當セサリシ他ノ部ニ移シテ審査セシムヘシ

第二十七條　前條ノ官吏水火盜難又ハ其ノ他ノ事故ニ由リ其ノ保管スル所ノ現金若ハ物品ヲ紛失毀損シタル場合ニ於テハ其ノ保管上避ケ得ヘカラサリシ事實ヲ會計檢査院ニ證明シ責任解除ノ判決ヲ受クルニ非サレハ其ノ負擔ノ責ヲ免ルヽコトヲ得ス

本條ハ出納官吏其責任ニ屬スル金錢物品ヲ亡失毀損シタル場合ニ於テ負擔辨償ノ義務アルコトヲ示シタルモノナリ

避ケ得ヘカラサリシ事實トハ非常ノ天災事變ノ如キ豫防保護ノ

力及ハサリシ事實ヲ云フ保護ヲ盡シ監督ヲ怠ラストト雖モ此事實ノ爲メニ亡失毀損ヲ來シタル場合ナルトキハ之ヲ會計檢査院ニ證明シ會計檢査院ニ於テ正當ナリトシテ責任解除ノ判決ヲ下シタル後始テ辨償ノ義務ヲ免ルヽコヲ得ルモ然ヲサレハ如何ナル場合ニ於テモ決シテ之ヲ免ルヽコヲ得ス故ニ責任解除ヲ得ヘキ正當ノ事實アル場合ト雖モ會計檢査院ノ判決以前一旦ハ辨償ノ義務ヲ負擔セサルヘカラス

一般官吏ノ過誤失策ハ懲戒處分ヲ受クルノミニシテ私法上ノ責任ヲ負擔スルヿナシト雖モ出納官吏ニ在ツテハ過誤怠慢故意等事情ノ如何ヲ問ハス苟モ其保管スル所ノ金錢物品ニ付政府ノ損失ヲ生スルトキハ私法上ノ責任ヲ負ヒ辨償ノ義務アルモノトス此規定ハ出納官吏ヲシテ他ノ官吏ニ異ナル特種ノ性質ヲ有セシ

キムルモノニシテ金錢財貨ノコタル私曲行ハレ易ク弊害生シ易キヲ以テ出納官吏ノ責任ヲ重クシ其職務ヲ愼重セシメサルヘカラサルカ故ナリ

參看

會計規則

第八十八條　各省大臣ハ所屬出納官吏ノ所爲ニ由リ政府ノ損失ヲ生シタリト認ムル場合ニ於テハ會計檢査院ノ判決以前ト雖モ其出納官吏ニ向テ辨償ヲ命スルコトヲ得

第八十九條　前條ノ場合ニ於テ其辨償ヲ命セラレタル出納官吏負擔ノ責ヲ免ルヘキ理由アリト信スルトキハ計算書ヲ作リ證憑書類ヲ添ヘ本屬大臣ヲ經由シテ之ヲ會計檢査院ニ送付シ其判決ヲ求ムルコトヲ得

各省大臣ハ前項ノ場合ト雖モ其命シタル損失金ノ辨償ヲ猶豫セス

會計檢査院ニ於テ其出納官吏ニ向テ辨償ノ責ナシト判決シタルトキハ其既納ニ係ル辨償金ハ直ニ之ヲ還付ス

第二十八條　現金又ハ物品ノ出納ヲ掌ルニ付身元保證金ヲ納メシムルコトヲ要スルモノハ勅令ヲ以テ之ヲ定ムヘシ

本條ハ出納官吏ニシテ身元保證金ヲ納メシムヘキコトヲ要スルモノハ別ニ勅令ヲ以テ之ヲ定メラルヘキコトヲ示シタルモノナリ前條ニ於テ出納官吏負擔辨償ノ義務ヲ規定シタルモ身元保證金ヲ徴收セサレハ未タ完キモノト云フヘカラス故ニ別ニ勅令ヲ以テ之ヲ定ムルコトトセラレタリ

參看

會計規則

第百二條　會計法第二十八條ニ據リ出納官吏ノ納ムヘキ身元保證金額ハ各省大臣大藏大臣ト協議シテ之ヲ定メ會計檢査院ニ通知スヘシ

出納官吏相當ノ資産アル者二人以上ヲ以テ保證人ト爲ストキハ各省大臣前項ノ身元保證金ノ全部若クハ一部ヲ免除スルコトヲ得此場合ニ於テハ各省大臣ヨリ其保證人ノ住所氏名職業ヲ大藏大臣及會計檢査院ニ通知スヘシ

第百三條　身元保證金ハ現金ヲ以テ納ムヘシ但公債證書若クハ土地ヲ以テ現金ニ代用スルコトヲ得

第百四條　身元保證ノ現金ハ大藏省預金局通常預金ノ利子

ヲ付スヘシ
身元保證ニ供スル公債證書若クハ土地ハ出納官吏ヨリ大藏大臣ニ書入トシ其土地ハ出納官吏ノ私費ヲ以テ登記ヲ受クヘシ

第百五條　會計檢査院ノ判決ニ依リ各省大臣出納官吏ノ損失金辨償ヲ命シタル場合ニ於テ其指定シタル期限內ニ出納官吏ヨリ損失金ノ辨償ヲ爲サヽルトキハ其身元保證金ヲ以テ辨償ニ充ツヘシ
前項ノ場合ニ於テ身元保證金ニ代用シタル公債證書若クハ土地ハ各省大臣ノ通知ニ依リ大藏大臣之ヲ公賣ニ付シ其代價ヨリ損失金額ヲ差引シ剩餘アルトキハ出納官吏ニ返付スヘシ

保證人ヲ以テ身元保證金ノ免除ヲ得タル官吏損失金ノ辨償ヲ命セラレタル場合ニ於テ辨償スルコト能ハサルトキハ其保證人ヲシテ損失金ヲ辨償セシムヘシ

第百六條　前條ノ場合ニ於テ出納官吏ノ身元保證金ヲ以テ損失金ノ辨償ニ充ルニ足ラサルトキハ其不足ハ出納官吏及其保證人ヨリ徵收スヘシ

第百七條　出納官吏數職ヲ兼務シタルカ爲メ各職每ニ身元保證ヲ爲シタルトキト雖𪜈身元保證金ハ出納官吏ノ責任其何職ヲ行ヒタルヨリ生シタルヲ問ハス流用シテ辨償ニ充ツヘシ

第百八條　出納官吏ハ其身元保證金ヲ以テ損失金ノ辨償ニ充テラレタルカ爲メ其身元保證金額定規ノ高ヨリ減シタ

ルトキハ各省大臣ノ指定シタル期限內ニ其減少高ヲ追納スヘシ期限ヲ過キ追納ヲ爲サヽルトキハ其職務ヲ執ルコトヲ得ス

第百九條　出納官吏轉職其他ノ事故ニ由リ身元保證金ノ增納ヲ要スルトキハ其轉職若クハ事故ノ生シタル日ヨリ起算シ六ケ月以內ニ增納スヘシ期限ヲ過キ增納ヲ爲サヽルトキハ其職務ヲ執ルコトヲ得ス

身元保證金トシテ納メタル公債證書若クハ土地ノ價格改定ノ爲メ身元保證金額定規ノ高ヨリ減少シ之カ補塡ヲ要スル場合ニ於テハ前項ノ例ニ據ル

第百十條　出納官吏ノ身元保證金ハ其解職後會計檢査院ニ於テ其官吏ノ執行シタル會計事務ニ付責任解除ヲ與ヘタ

ル後ニ非サレハ之ヲ還付セス

物品會計規則

第十九條　物品會計官吏ノ身元保證ニ關スル規則ハ總テ會計規則出納官吏身元保證ノ例ニ據ル

第二十九條　仕拂命令ノ職務ハ現金出納ノ職務ト相兼ヌルコトヲ得ス

本條ハ仕拂命令ノ職務ト現金出納ノ職務トノ兼行ヲ禁シタルモノナリ

仕拂命令官ニシテ自カラ現金ノ出納ヲ掌ルトキハ不法ノ仕拂ヲナスノ弊アルカ故ニ之ヲ禁シタルナリ

第十章　雜則

第三十條　特別ノ須要ニ因リ本法ニ準據シ難キモノア

ルトキハ特別會計ヲ設置スルコトヲ得特別會計ヲ設置スルハ法律ヲ以テ之ヲ定ムヘシ

本條ハ特別會計ヲ設置シ得ヘキ場合及特別會計ノ設置ハ法律ヲ以テスヘキヿヲ示シタルモノナリ

本法ハ政府會計ノ全般ニ渉ル法則ナレハ苟モ政府ノ會計ニ屬スルモノハ一切本法ニ準據スヘキハ勿論ナレトモ政府ノ事業ニハ種々アリテ其中本法ノ條項ニ據リカタキカ又ハ準據シ得ルモ反テ不經濟ノ場合ナキニアラス故ニ此ノ如キ場合ニハ特別會計ヲ設置スルコトヲ得ルナリ此特別會計ヲ設置スルノ必要アルモノハ作業場等ノ類ニシテ固ト特別ノ須要ニ因ルヿナレハ確然タル理由アルヲ要シ叨リニ之ヲ設置スヘキニアラス且ツ本法ハ會計全般ノ通則ナレハ縱令ヒ特別會計ヲ設置セル場合ニ於テモ其據リ

カタキ條項ノ外ハ皆本法ニ準據スヘキモノナリ
本法ハ政府ノ會計ヲ監督センカ爲メニ設ケタル法律ナリ故ニ此法律ニ準據シカタキモノアツテ特別會計ヲ設クルニハ亦法律ヲ以テセサルヘカラス若シ然ラスシテ之ヲ政府ノ自由ニ任センカ此會計法モ遂ニ徒法タルニ至ルナキヲ保セサレハナリ

第三十一條　政府ハ國庫金ノ取扱ヲ日本銀行ニ命スルコトヲ得

本條ハ國庫金ノ取扱ヲ日本銀行ニ命スルヲ得ヘキコヲ示シタルモノナリ
政府ハ現金出納ヲナスカ爲メニ各地ニ金庫ヲ設置セサルヘカラス而シテ政府自ラ之カ取扱ヲナストキハ非常ニ多數ノ官吏ヲ要シ且ツ巨額ノ出納ヲ扱ハシムルコトナレハ多クノ身元保證金ヲ

徴セサルヘカラサルカ如キ其事行ヒカタシ殊ニ其事務モ銀行ノ如ク敏捷ナル能ハス之ヲ銀行ニ命スルトキハ政府ノ爲メニモ經濟ナルヘク一般經濟ノ爲メニモ資金ヲ死藏スルコトナクシテ其利益少々ナラサルナリ

參看

日本銀行條例　明治十五年六月第三十三號布告

第十三條　政府ノ都合ニ由リ日本銀行ヲシテ國庫金ノ取扱ニ從事セシムヘシ

金庫規則　明治二十二年十一月十一日勅令第百二十六號

第六條中央金庫本金庫支金庫ノ現金ノ保管出納ハ日本銀行ヲシテ取扱ハシム

第十一章　附則

第三十二條　本法ノ條項帝國議會ニ關渉セサルモノハ明治二十三年四月一日ヨリ施行シ其ノ關渉スルモノハ帝國議會開會ノ時ヨリ施行ス

決算ニ係ル條項ハ帝國議會ノ議定ヲ經タル年度ノ歳計ヨリ施行ス

本條ハ本法施行ノ期限ヲ示シタルモノナリ

第三十三條　本法ノ條項ト牴觸スル法令ハ各々其ノ條項施行ノ日ヨリ廢止ス

附錄

國稅徵收法法律第九號 二十二年三月十三日

朕國稅徵收法ヲ裁可シ茲ニ之ヲ公布セシム

國稅徵收法

第一章　總則

第一條　國稅ハ關稅ヲ除ク外總テ此法律ニ據テ之ヲ徵收ス

第二條　市町村ハ其市町村內ノ地租ヲ徵收シ之ヲ金庫ニ納付スルノ義務アルモノトス

前項ノ事務ニ關スル費用ハ市町村ノ負擔トス

第三條　其他ノ國稅ハ勅令ヲ以テ命スルトキハ前條ノ例ニ依ル

前項ノ場合ニ於テハ徵收金額ノ百分ノ四ヲ其市町村ニ交付スヘシ

第四條　市町村ハ過誤怠慢ニ依リ其徵收シタル稅金ヲ亡失シタルトキハ之ヲ辨償スルノ責ニ任スヘシ

第五條　市町村ハ避クヘカラサル變災ニ罹リ其徵收シタル稅金ヲ亡失シタルトキハ府縣知事ヲ經テ其責任ノ免除ヲ大藏大臣ニ訴願スルコトヲ得

第六條　納稅人納期限ヲ過キ國稅ヲ完納セサルトキハ別ニ定ムル所ノ法律ニ據リ之ヲ處分ス

第七條　國稅納期ノ末日日曜日又ハ大祭日祝日ニ當ルトキハ其翌日ヲ以テ納期ノ末日トス

第二章　徴收

第八條　地租及勅令ニ依リ市町村ニ於テ徴收スヘキ國稅ヲ徴收スルトキハ市町村ニ對シ其他國稅ヲ徴收スルトキハ各納稅人ニ對シ府縣知事徴稅令書ヲ發スヘシ

第九條　市町村長ハ徴稅令書ニ據リ徴稅傳令書ヲ調製シ之ヲ各納稅人ニ發スヘシ

第十條　納期アルモノハ別段ノ規定アルモノヲ除クノ外該納期ノ十五日以前ニ納期數日ニ渉ルモノハ初日ノ十五日以前ヲ云フ隨時收入ニ係ルモノハ其納期日ヲ定メ徴稅令書若クハ徴稅傳令書ヲ發スヘシ

第十一條　第八條第一項ノ場合ニ於テハ各納稅人ハ稅金ヲ市町村收入役ニ拂込ミ其領收證ニ市町村長ノ撿印ヲ得テ納稅ノ義務ヲ了ルモノトス但町村會ノ議決ヲ以テ町村長ニ收入役ノ事務ヲ委任スルコトヲ得

第八條第二項ノ場合ニ於テハ各納稅人ハ稅金ヲ金庫ニ拂込ミ其別符附領收證ヲ得之ヲ收入官吏ニ差出シ其別符ノ切離及領收證ノ撿印ヲ得テ其納稅義務ヲ了ルモノトス

第十二條　市町村長ハ市町村收入役ニ於テ受領シタル稅金ヲ受取之ヲ金庫ニ拂込ミ其別符附領收證ヲ得之ヲ收入官吏ニ差出シ其別符ノ切離及領收證ノ捺印ヲ得テ其義務ヲ了ルモノトス

第十三條　市町村長ハ納期限ヲ過キ稅金ヲ完納セサル者アルトキハ其滯納ノ稅目金額及滯納人ノ住所氏名ヲ記載シ之ヲ收入官吏ニ報告スヘシ

第十四條　納稅人他ノ負債ニ依リ身代限リノ處分ヲ受ルトキ其既ニ徵稅令書ヲ發シタルモノアルトキハ未タ其納期ニ至ラサルモ他ノ債主ニ先チ其稅金ヲ徵收スヘシ

前項ノ塲合ニ於テ酒類醬油造石稅ニ限リ其課額既ニ定リタル稅金ハ未タ其納期ニ至ラサルモ他ノ債主ニ先チ之ヲ徵收スヘシ

第十五條　前條ノ塲合ニ於テ負債ノ抵償物件中徵收ヲ要スル稅金ノ納期限ヨリ一箇年前ニ質入書入ト爲シタルモノアルトキハ其賣却代金ヨリ先ツ其負債金額ニ充テタル後稅金ヲ徵收スヘシ

第十六條　地方稅備荒儲蓄金市町村稅ヲ滯納シタル爲メ滯納者ノ財產ヲ賣却シタル塲合ニ於テ既ニ徵稅令書ヲ發シタルモノアルトキハ國稅ヲ先取スヘシ

第三章　期滿免除

第十七條　徵稅令書若クハ徵稅傳令書ヲ發セスシテ納期限ノ翌日ヨリ起算シ滿三年ヲ

經過スルトキハ納税人ハ其義務ヲ免ルヽモノトス
第十八條　納税人法律命令ヲ犯シ脱税ヲナシタル塲合ニ於テ其公訴ノ期滿免除ト爲ルトキハ其脱税金ノ追徴モ亦同時ニ免ルヽモノトス
第十九條　國税期滿免除ノ期限內ニ於テ徵税令書若クハ徵税傳令書ヲ發シタルトキハ期限ノ經過ヲ中斷スルモノトス
期滿免除ノ期限ノ經過ヲ中斷シタルトキハ更ニ其翌日ヨリ期限ヲ起算スヘシ但前後ノ日數ヲ通算シ滿五年ヲ過ルコトヲ得ス

第四章　附則

第二十條　市制町村制ノ施行ニ至ラサル地方ニ於テハ此法律ニ據リ市町村ノ爲スヘキ職務ハ區戶長ニ於テ之ヲ行フヘシ
第二十一條　此法律ハ明治二十二年四月一日ヨリ施行ス但沖繩縣及東京府管轄小笠原島伊豆七島ニハ當分之ヲ施行セス

○

國税徵收法施行細則大藏省令第三號明治二十三年二月十二日

明治二十二年三月大藏省令第五號國税徵收法施行細則左ノ通リ改正シ明治二十三年四月

一日ヨリ施行ス

國稅徵收法施行細則

第一條　徵收法第八條市町村ニ對シ發スル徵稅令書ハ第一號第二號樣式ニ依リ各納稅人ニ對シ發スル徵稅令書ハ第三號樣式ニ依リ調製スヘシ

第二條　府縣知事ニ於テ徵稅令書ヲ發シタルトキハ該納額ヲ收入官吏ニ達スヘシ

第三條　市町村長ニ於テ地租船車稅ノ徵稅傳令書發付後納期限以前ニ於テ土地若クハ船車ノ所有權移轉又ハ土地ノ質入ニ係ルモノアルトキハ曩キノ傳令書ヲ更正スヘシ

第四條　各納稅人ニ於テ稅金ヲ金庫ニ納付スルトキハ徵稅令書ヲ添付スヘシ

第五條　市町村長ニ於テ稅金ヲ金庫ニ納付スルトキハ第四號樣式ノ納付書ヲ添付スヘシ

第六條　收入官吏ニ於テ現金ヲ領收シタルトキハ明治二十二年大藏省令第十三號第十五條及第十六條ニ據リ金庫ニ拂込ムヘシ

第七條　各納稅人若クハ市町村長ハ稅金ヲ金庫ヘ納付シタルトキハ即時別符ノ切離及領收證ノ檢印ヲ收入官吏ニ請フヘシ

第八條　各納稅人若クハ市町村長ヨリ別符ノ切離及領收證ノ檢印ヲ請フトキハ收入官吏ハ即時ニ領收證書式ノ位置ニ檢印シ別符ヲ切離シ領收證ハ之ヲ返付スヘシ

第九條　收入官吏ハ其切離シタル別符ニ領收證檢印濟ノ年月日ヲ記入シ其傍ニ檢印シ之ニ據リ收入簿及徵稅簿ニ記入スヘシ
第十條　收入官吏ニ於テ現金ヲ領收シタルトキハ明治二十二年大藏省令第十一號書式第二號ノ領收證ヲ發シ同時ニ收入簿及徵稅簿ニ記入スヘシ
第十一條　收入官吏現金ヲ金庫ニ拂込タルトキハ其別符附領收證ヲ府縣知事ニ送付シ別符ノ切離及領收證ノ檢印ヲ受クヘシ
第十二條　府縣知事ハ收入官吏ノ送付シタル金庫ノ領收證ヲ檢シ收入檢定簿ヲ備ヘテ之ヲ記入シ領收證書式ノ位置ニ檢印シ別符ヲ切離シ領收證ハ之ヲ返付スヘシ
第十三條　府縣知事ニ於テ收入官吏ノ送付シタル領收證ヲ檢シタルトキハ每月其檢定報告書ヲ製シ翌月七日以内ニ之ヲ大藏省ニ送付スヘシ
第十四條　收入官吏ハ每日領收證ヨリ切離シタル別符及拂込額ノ總計金額ト金庫ヨリ每日報告スル稅金領收日計表ノ金額ト照査スヘシ
第十五條　收入官吏ハ明治二十二年大藏省令第十一號書式第四號ニ據リ收入報告書ヲ調製シ收入金月計對照表ヲ添ヘ翌月七日マテニ府縣知事ニ送付スヘシ
第十六條　府縣知事ハ收入官吏ヨリ送付シタル收入報告書ヲ取纒メ同式ノ每月收入集計書ヲ添ヘ收入官吏ヨリ送付スル所ノ收入報告書及收入金月計對照表ヲ翌月十五日

マテニ大藏省ニ送付スヘシ

第十七條　收入官吏ハ第五號第六號樣式ニ據リ徵稅簿ヲ備ヘ調定額、收入額收入未濟額缺損額ヲ記載スヘシ

第十八條　收入官吏ニ於テ調製セル收入簿現金出納簿ハ明治二十二年大藏省令第十一號書式第十四號及第十八號ニ依ルヘシ

第十九條　收入官吏ハ第七號樣式ニ據リ各納期後五十日以內ニ收入額收入未濟額及缺損額報告書ヲ調製シ府縣知事ニ送付スヘシ

第二十條　府縣知事ハ前條ノ報告書ヲ取纏メ更ニ同式ノ集計報告書ヲ調製シ各納期後六十日以內ニ大藏省ニ送付スヘシ

第二十一條　收入檢定簿、檢定報告書其他事務整理上必要ナル帳簿ハ便宜ノ式ニ據リ之ヲ調製スヘシ

第一號樣式

用紙適宜 縱四寸五分 橫三寸三分

第何號	經常租稅	何郡何市町村長氏名　納
明治何年度 地租	田租	明治何年 第何期分

徵税令書

収入官吏官氏名扱

収税部何地出張所

元帳ト割印

一金何程

右何年何月何日限何地金庫へ納付スヘシ

明治何年何月何日

府縣廳之印

何府縣知事氏名

第二號様式

用紙寸法同上

第何號	經常	租税	何郡何市町村長氏名納
明治何年度	菓子税	製造税	明治何年第何期分

徵税令書

收入官吏官氏名扱	收入部何地出張所

元帳ト割印

一金何程

内

一金何程　何ノ誰

一金何程　何ノ誰

一金何程　何ノ誰

一金何程　何ノ誰

納税人數多アリテ記入シ能ハサル時ハ令書ニハ合計ノミヲ記載シ一人別仕譯書ヲ添付スヘシ

右何年何月何日限何地金庫ヘ納付スヘシ

明治何年何月何日

府縣廳之印

何府縣知事氏名

第三號樣式

用紙適宜縦四寸五分横三寸三分ノモノ二枚縦四寸五分横二寸ノモノ一枚接續

徴税令書

元帳ト割印

第何號　經常　租税　何郡何村氏名納
明治何年度　酒造税　醸造酒税　明治何年第何期分
収入官吏官氏名扱　収税部何地出張所

一金何程

右何年何月何日限何地金庫ヘ納付スヘシ

明治何年何月何日

府縣廳之印

何府縣知事氏名

金庫割印

領収

第何號　經常　租税　何郡何村氏名納
明治何年度　酒造税　醸造酒税　明治何年第何期分
収入官吏官氏名扱　収税部何地出張所

証書

（收入官吏檢印）

一金何程

（金庫主任取扱印）

右領收候也

明治何年何月何日

何地金庫印

（金庫割印）

（收入官吏檢印）

第何號

經常租稅

何郡何村氏名納

明治何年度

酒造稅

醸造酒稅

明治何年第何期分

收入官吏官氏名扱

收稅部何地出張所

一金何程

（金庫主任取扱印）

明治何年何月何日何地金庫へ納付

（收入官吏檢印）

第四號樣式

用紙適宜縦四寸五分横三寸三分ノモノ二枚縦四寸五分横二寸ノモノ一枚接續

納　付　書　領

第何號　經常租税　何郡何市町村分

明治何年度　地租　田租　明治何年第何期分

收入官吏官氏名扱　收税部何地出張所

徵税令書第何號ノ分又ハ金何程ノ内

一金何程

右納付候也

明治何年何月何日

何郡何市町村長氏名印

金庫割印

第何號　經常租税　何郡何市町村分

明治何年度　地租　田租　明治何年第何期分

收入官吏官氏名扱　收税部何地出張所

收證書

徵稅令書第何號ノ分又ハ金何程ノ内

收入官吏檢印

一金何程

金庫取扱主任印

右領收候也

明治何年何月何日

何地金庫印

金庫割印

收入官吏檢印

第何號

經常租稅

何郡何市町村長納

明治何年度

地租

田租

明治何年第何期分

收入官吏官氏名扱

收稅部何地出張所

徵稅令書第何號ノ分又ハ金何程ノ内

一金何程

金庫取扱主任印

明治何年何月何日何地金庫ヘ納付

收入官吏檢印

記簿凡例

一 收入官吏ハ府縣知事ヨリ納額ノ達ヲ受ケタルトキハ其納額ヲ一市町村毎ニ第五號ノ帳簿ヘ㋑印ノ如ク記載シ其增額ハ㋺印ノ如ク記載シ其減額ハ㋬印ノ如ク記載スルモノトス

二 税金收入濟ニ至リ納税人ニ檢印ヲ與ヘ別符ヲ切離シタルトキハ之ヲ納額ニ照合シ㋥印ノ如ク記載シ其殘高ヲ㋭印ノ如ク揭記スルモノトス

三 滯納處分ノ末追徵シタル税金ハ㋬印ノ如ク記入シ其缺損ヲ生セシモノハ㋣印ノ如ク揭載スルモノトス

四 隨時收入ニ係ル各納税人別ノ納額ノ通知ヲ受ケタルトキハ第六號帳簿ヘ㋑印ノ如ク記載シ税金收入濟ニ至リ檢印ヲ與ヘ別符ヲ切離シタルトキハ㋺印ノ如ク記載スルモノトス

第五號樣式

(此帳簿ハ目限リ納期毎ニ調製スヘシ)

何年度畑租

徵税簿

廳名

第一期畑租　何郡甲村

年月日	摘要	調定額	減額	收入額	缺損	未濟
六月十五日	納額ノ達ヲ受ク	㋑三千圓〇（主任印以下同シ）				㋭三千圓〇
七月三十日	領收證檢印			㋥五百圓〇		㋭貳千五百圓〇
八月十日	同			㋥千圓〇		㋭千五百圓〇
八月二十一日	何々ニ依リ減		㋬百圓〇			㋭千四百圓〇
九月一日	領收證檢印			㋥千四百圓〇		完結

第一期畑租　何郡乙村

年月日	摘要	調定額	減額	收入額	缺損	未濟
六月十五日	納額ノ達ヲ受ク	㋑千五百圓〇				㋭千五百圓〇
八月三十一日	領收證檢印			㋥千圓〇		㋭五百圓〇
八月三十一日	何々ニ依リ增額ノ分納額ノ達ヲ受ク	㋺百圓〇				㋭六百圓〇
九月二日	領收證檢印			㋥四百圓〇		㋭二百圓〇
九月二十日	滯納處分ノ末追徵			㋬百圓〇		㋭百圓〇
九月二十日	同上缺損				㋣百圓〇	完結

第六號樣式

何年度何稅（隨時收入）

徵稅簿

（此帳簿ハ目限リ半年毎ニ調製スヘシ）

廳名

何年度何稅（目）		
調定額	收入額	納稅人
何月何日納額ノ達ヲ受ク 金拾圓〇 ㋑	何月何日領收證檢印〇 ㋺	何郡何村 ㋑ 何某
何月何日同上 金七圓〇 ㋑	何月何日同上〇 ㋺	何郡何村 ㋑ 何某

第何號
（此號數ハ年度中本書ノミノ順ヲ追フモノトス）

第七號樣式

明治何年度

収入額収入未濟額缺損額報告書

何税

何税

何廳

年分

入未濟額	
員	事由
錢 厘	
………	

氏名 印

「備考」
「一各税ノ内納期限ノ同一ナルモノハ之ヲ一表中ニ記載スヘシ」
「一」内ハ朱書

何廳明治何年度第何期又ハ前後半

科目		調定濟額			收入濟額						缺損額			收
					納期限迄ニ收入ノ分			納期限後收入ノ分						金
項	目	円	錢	厘	円	錢	厘	円	錢	厘	円	錢	厘	円
何々														
	何々	……	……	……	……	……	……	……	……	……	……	……	……	……
											明治　年			月　日

收入官吏官

沖繩縣及東京府管轄小笠原島等ノ國稅徵收方勅令第百四十一號明治廿二年十二月廿八日

沖繩縣及東京府管轄小笠原島伊豆七島ノ國稅徵收ハ會計法實施後左ノ各條ノ外ハ從來ノ慣例ニ依ルヘシ

第一條　納稅人ハ稅金沖繩縣酒類出港稅ヲ除クヲ金庫ニ拂込ミ金庫ヨリ交付シタル別符附領收證ヲ收入官吏ニ差出シ其別符ノ切離及領收證ノ檢印ヲ受クヘシ

第二條　國稅品ハ納稅人ヨリ直ニ收入官吏ニ納付スヘシ

第三條　前條國稅品ハ會計法規ニ依リ收入官吏之ヲ取扱ヒ其賣却代金ヲ領收シテ金庫ニ拂込ムヘシ但稅品ノ會計ハ本稅所屬ノ年度ニ依ル

○

諸收入收納取扱順序大藏省訓令第六十六號明治二十二年十一月二十二日

諸收入收納取扱順序左ノ通相心得明治二十三年四月一日ヨリ施行スヘシ

第一條　北海道廳及府縣廳ハ此順序ニ據リ各省ノ管理ニ屬セサル租稅外ノ諸收入ノ收納ヲ取扱フヘシ

第二條　各省ノ管理ニ屬セサル租稅外ノ諸收入ハ率子左ノ如シ

第一　免許料ノ内北海道廳府縣ノ取扱ニ係ル分
第二　手數料ノ內北海道廳府縣ノ取扱ニ係ル分
第三　四徒工錢收入(北海道及府縣監獄ノ分)
第四　官有物貸下代及拂下代(北海道廳府縣ニ於テ貸下拂下ヲナシタル分)
第五　懲罰及沒收金ノ內北海道廳府縣ノ取扱ニ係ル分
第六　辨償金ノ內北海道廳府縣ノ取扱ニ係ル分
第七　雜入ノ內北海道廳府縣ノ取扱ニ係ル分
右ノ外各省大臣ノ命令ニ依ラス北海道廳府縣ニ於テ直ニ收入ヲ執行スルモノ
第三條　北海道廳長官府縣知事ハ諸收入ヲ調定シ各納人ニ對シ本訓令附屬書式ノ納入告知書ヲ發シ各納人ヲシテ現金ヲ收入官吏又ハ金庫ニ納付セシムヘシ但現金ヲ收入官吏ニ即納セシムル場合ニ於テハ納入告知書ヲ發セサルモ妨ケナシ
第四條　北海道廳長官府縣知事ハ島司郡長警察署長典獄若クハ收稅部出張所長ニ委任シテ前條ノ事務ヲ分掌セシムルコトヲ得
第五條　北海道廳長官府縣知事ノ委任ヲ受ケ諸收入ヲ調定シタル官吏ハ納入告知書ヲ發シタルモノト發セサルモノトノ區分ヲナシ每半月分ノ調定濟報告書ヲ調製シ每月十六日及翌月一日ニ之ヲ北海道廳長官府縣知事ニ送付スヘシ但島司ノ管理區域內ニ

於テハ本文ノ報告書ヲ島司ニ送付スヘシ
第六條　北海道廳長官府縣知事又ハ島司ハ前條ノ報告ヲ受ルトキハ歳入簿調定濟ノ欄ニ之ヲ登記スヘシ
第七條　納入告知書ハ收入官吏ニ送付シ收入官吏ヲシテ納人ニ交付セシムヘシ
第八條　收入官吏ハ納入告知書ノ送付ヲ受ルトキハ明治二十二年大藏省令第十一號第十四號書式ノ收入簿調定濟ノ欄ニ其金額ヲ登記シ納人告知書ハ直ニ納人ニ送付スヘシ但第三條但書ノ塲合ニ於テハ其領收スヘキ金額ノ確定セシトキ收入簿調定濟ノ欄ニ其金額ヲ登記スヘシ
第九條　納入告知書ハ納人ヲシテ納金ト共ニ持參セシメ收入官吏又ハ金庫ニ於テハ納入告知書ニ照シテ現金ヲ收納シ收入官吏ハ明治二十二年大藏省令第十一號第二號書式ノ領收證ヲ發シ金庫ハ本訓令附屬書式ノ領收證ヲ發スヘシ
第十條　納人ヲシテ現金ヲ金庫ニ納付セシメタルトキハ收入官吏ハ會計規則第二十九條ニ據リ金庫ノ發シタル領收證ヲ檢シ明治二十二年大藏省令第十一號第十四號書式ノ收入簿ニ收入濟ノ記入ヲナシ領收證書式ノ塲所ニ檢印シ別符ヲ切離シ領收證ヲ納人ニ返付スヘシ
第十一條　收入官吏現金ヲ領收シタルトキハ明治二十二年大藏省令第十一號第十四號

書式ノ收入簿ニ收入濟ノ記入ヲナシ同令第三號書式ノ現金拂込書ヲ製シ現金ニ添ヘ出納官吏現金取扱規則第十五條若クハ第十六條ニ定メタル期限ニ之ヲ金庫ニ送付スヘシ但出納官吏現金取扱規則第十七條ニ據リ監守證ヲ以テ拂込ノ手續キヲナス場合ニ於テハ拂込書ヲ要セス大藏大臣ヘ報告濟ノ旨ヲ記シタル送付書（送付書ノ式ハ適宜）ヲ監守證ニ添ヘテ金庫ニ送付スヘシ

第十二條　收入官吏其拂込金ニ對シテ金庫ヨリ領收證ヲ得ルトキハ三日以内月末ノ分ハ翌月一日ニ北海道廳長官府縣知事ニ之ヲ送付スヘシ但島司ノ管理區域内ニ於テハ本文ノ領收證ヲ島司ニ送付スヘシ

第十三條　北海道廳長官府縣知事又ハ島司ハ收入官吏ノ送付シタル金庫ノ領收證ヲ檢シ收入檢定簿ヲ備ヘテ之ニ登記シ領收證書式ノ場所ニ檢印シ別符ヲ切離シ領收證ハ收入官吏ニ返付スヘシ

第十四條　島司ニ於テ收入官吏ノ送付シタル領收證ヲ檢スルトキハ毎月其檢定報告書ヲ製シ翌月七日マテニ之ヲ府縣知事ニ送付スヘシ

第十五條　收入官吏ノ毎月收入報告書ニハ左ノ書類ヲ添ヘ翌月七日マテニ之ヲ北海道廳長官府縣知事ニ送付スヘシ但島司ノ管理區域内ニ於テハ本文ノ報告書ヲ島司ニ送付スヘシ

第一　納入告知書ノ金額納期日細別表
第二　收入金月計對照表
第三　缺損金明細書
第四　納期日後未納收入事由明細書
右ノ外北海道廳長官府縣知事ニ於テ必要ト見認ルモノ
第十六條　島司ニ於テ前條報告書ノ送付ヲ受ルトキハ三日以內ニ之ヲ取纏メ明治二十二年大藏省令第十一號第五號書式ノ每月收入總報告書式ニ準シ集計表ヲ製シテ該報告書及月計對照表ト共ニ之ヲ府縣知事ニ送付スヘシ但送付スヘキ報告書一通ニ過キサルトキハ集計表ヲ要セス該報告書ニ添書シテ送付スヘシ
第十七條　北海道廳長官府縣知事ハ收入官吏ノ收入報告書ヲ取纏メ明治二十二年大藏省令第十一號第五號書式ニ準シ每月收入總報告書ヲ製シ左ノ書類ト共ニ之ヲ大藏省へ送付スヘシ
第一　收入官吏ノ每月收入報告書
第二　島司ノ集計表
第三　收入金月計對照表
右ノ外調査上必要トスルトキハ其都度大藏省主任官ヨリ書類ノ送付ヲ請求スルコトア

ルヘシ
第十八條　北海道廳長官府縣知事島司ハ明治二十二年大藏省令第十一號第十五號書式ニ準シタル歳入簿ヲ備フヘシ
第十九條　北海道廳長官府縣知事島司ノ備フヘキ諸收入調定元帳收入檢定濟收入未濟金缺損金過誤納拂戻金整理簿其他收入事務整理上必要ナル帳簿ハ便宜ノ式ニ依テ設置スヘシ
第二十條　本訓令ニ據リ調製スヘキ調定濟報告書檢定報告書納入告知書ノ金額納期日細別表缺損金明細書納期日後未納收入事由明細書ノ書式ハ北海道廳長官府縣知事之ヲ定ムヘシ

甲號書式　「（金庫ヘ納入ノ場合ニ用ユルモノ）」　「　」ノ内及印章ハ孰モ朱

用紙適宜縦四寸五分横三寸三分ノモノ二枚縦四寸五分横二寸ノモノ一枚接續

「備考
領收證書用紙ニハ納入ノ金額納入ノ年度種類等總テ納入告知書發行廳ニ於テ記入スルモノトス」

第「何」號	「何」年度	「何郡何村」「何　某」納
「收入官吏官氏名」扱		「主管廳」

納

入告知書

元帳割印

一金「何程」

但「（何年何月ヨリ何月マテノ分何々貸付料又ハ何々賣拂代ト云フカ如ク收入金ノ目的ヲ記ス）」

右「何」年「何」月「何」日限リ「何々」金庫ヘ納入スヘシ

明治「何」年「何」月「何」日

「納入告知書發行者官氏名」印

金庫割印

第「何」號

「何」年度

「何郡何村」

「何某」納

「收入官吏官氏名」扱

「主管廳」

收入官吏檢印

一金「何程」

金庫取扱主任印

但「（收入ノ目的ヲ記入スルコト前葉ニ同シ）」

領收證書

右領收候也

明治「何」年「何」月「何」日

「何々」金庫 印

金庫割印

第「何」號「何」年度「何郡何村」「何某」納

「經常（臨時）」「何々（款）」「何々（項）」「何々（目）」

收入官吏檢印

「收入官吏官氏名」扱

「主管廳」

一金「何程」

明治「何」年「何」月「何」日「何々」金庫ヘ納入

乙號書式「（收入官吏ヘ納入ノ場合ニ用ユルモノ）」

用紙適宜　寸法甲號書式ニ同シ

第「何」號「何」年度「何郡何村」「何某」納

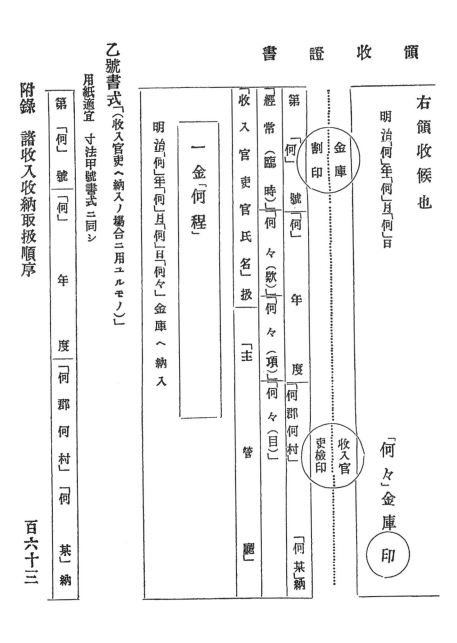

納入告知書

元帳割印
一 金「何程」
但「何々(收入ノ目的ヲ記入スルコト甲號書式ニ同シ)」
右「何」年「何」月「何」日限リ收入官吏「官氏名」ヘ納入スヘシ
明治「何」年「何」月「何」日
「納入告知書發行者官氏名」 印

○

收入官吏ノ監守證取扱手續

大藏省訓令第七十三號
明治廿二年十二月廿一日

收入官吏
金庫出納役

明治二十二年十月大藏省令第十三號出納官吏現金取扱規則第十七條ニ據リ收入官吏ヨリ金庫ヘ監守證ノ送付ヲ受ケタルトキハ左ノ手續ニ依リ取扱フヘシ

一 金庫ハ出納官吏現金取扱規則第十七條ニ據リ收入官吏ヨリ監守證ノ送付ヲ受ケタル場合ニ於テ其收入官吏所在地ノ仕拂官吏ニ送付スヘキ仕拂豫算ノ金額アルトキ又ハ

當時該地ノ債主ニ仕拂フヘキ仕拂命令ヲ受ルトキハ同規則第十八條ニ據リ監守證ヲ以テ爲替拂トナスヘシ

二金庫ハ收入官吏ヨリ監守證ノ送付ヲ受ケタル場合ニ於テ其收入官吏所在地ノ仕拂官吏ニ送付スヘキ仕拂豫算ノ金額ナキカ又ハ當時該地ノ債主ニ仕拂フヘキ仕拂命令ヲ受クルコトナキカ又ハ前項ニ據リ爲替拂ヲナスモ尙監守證ノ金額ニ殘餘アルトキハ受取人ヲ派出シテ收入官吏ヨリ現金ヲ受取ルヘシ但在外國ノ場合ニ於テハ大藏大臣ヨリ其都度收入官吏ニ指揮スヘシ

三金庫ヨリ派出シタル受取人ニハ明治二十二年十二月大藏省訓令第七十二號書式第一號ノ領收證書及收入官吏ヨリ送付シタル監守證ヲ携帶セシメ現金ト引替ヘシムヘシ

四金庫ニ於テハ適宜監守證記入簿ヲ設置キ收入官吏ヨリ監守證ノ送付ヲ受ケタルトキハ各收入官吏每ニ之ヲ記入シ爾後該監守證ヲ拂出シタルトキハ其年月日等ヲ備考ニ記入スヘシ

○

前金渡概算ノ返納金ヲ定額ニ戻入スル取扱規程

大藏省令第十六號
明治二十二年十二月二十八日

會計法第二十三條但書ニ依リ前金渡概算渡ノ返納金ヲ定額ニ戻入スルノ取扱規程ヲ定ム

前金渡概算渡ノ返納金ヲ定額ニ戻入スル取扱規程

第一條　前金渡概算渡ノ返納金ニシテ經費ノ定額ニ戻入ヲ要スルモノアルトキハ仕拂命令官ヨリ返納人ニ對シ返納告知書ヲ發スヘシ

第二條　返納人ハ返納告知書ニ現金ヲ添ヘ其返納告知書ニ指定シタル金庫ニ之ヲ拂込ミ金庫ノ別符付領收證ヲ得直チニ領收證ノ檢印及ヒ別符ノ切離ヲ仕拂命令官ニ請求スヘシ

第三條　仕拂命令官金庫ノ領收證ニ檢印シ別符ヲ切離シタルトキハ定額戻入ノ要求ヲナサンコトヲ本屬大臣ニ申立ヘシ

第四條　前金渡概算渡ノ返納金ニシテ經費ノ定額ニ戻入ヲ要セサルモノハ通常歲入金取扱手續ニ依リ返納人ヲシテ金庫又ハ收入官吏ニ納入セシムヘシ

第五條　本規程ニ依リ發スル返納告知書ハ左ノ書式ニ依リ調製スヘシ

「備考」　「」ノ内及印章ハ孰モ朱

「領收證講用紙ニハ返納ノ金額番號定額戻入ヲ要スヘキ年度科目等返納告知書發行廳ニ於テ記入スルモノトス」

用紙適宜縦四寸五分横三寸三分ノモノ二枚縦四寸五分横二寸ノモノ一枚接續

返納告知書

第「何」號
「某」年度
「所管廳」
返納人「何某」

雜部

一金「何程」

右「何」年「何」月「何」日限リ「何地金庫」ヘ返納スヘシ

明治「何」年「何」月「何」日

仕拂命令官「官氏名」印

金庫割印

第「何」號
「某」年度
「所管廳」
返納人「何某」

雜部

領収証書

(仕拂命令官検印)

一金「何程」

(金庫取扱主任ノ印)

右領収候也

明治「何」年「何」月「何」日

「何地金庫」印

金庫割印

仕拂命令官検印

第「何」號「某」年度「所管廳」返納人「何某」

「經常(臨時)」「何々(款)」「何々(項)」「何々(目)」定額戻入ヲ要ス

一金「何程」

明治「何」年「何」月「何」日「何地金庫」へ返納

○會計主務官心得 大藏省訓令第十八號 明治廿三年二月廿七日

會計主務官心得左ノ通リ相定ム

會計主務官心得

第一章　總則

第一條　會計主務官ハ國庫ノ事務ヲ取扱フ官吏ニシテ大藏大臣ノ命ヲ承ケ會計法第十四條ニ依リ仕拂命令ノ法律命令ニ反スルコトナキヤヲ調定スルヲ以テ職務トス

會計主務官ハ專ラ仕拂命令ノ調定ヲ職務トスルモノニシテ明治十四年太政官第三十六號達ヲ以テ定メラレタル會計主務官吏トハ異ナルモノトス

第二條　會計主務官ハ各省大臣所屬ノ官吏タリト雖トモ其職務執行ニ就テハ各省大臣ニ對シ全ク獨立シ其干渉ヲ受クルコトナシ

第三條　會計主務官ハ會計法會計規則其他ノ命令ニ依リ付與セラレタル權限ヲ確守シ仕拂命令官ノ權限ヲ犯スコトナク事務ノ澁滯ヲ生セサル樣注意スヘシ

第四條　會計主務官ノ職務ハ會計法第二十九條ニ依リ仕拂命令官ト相兼ヌルコトヲ得ス然レトモ會計主務官ノ職務ヲ執ル官吏ニシテ同時ニ各省會計ノ事務ニ從事スルモ妨ケナシ

第五條　會計規則第五十條ノ中央會計主務官ノ職務ハ各省本廳ノ經費ニ關スル仕拂命令ヲ調定スル會計主務官ニ於テ取扱フモノトス

第二章　帳簿

第六條　會計主務官ハ會計規則第百十六條ニ依リ明治二十二年大藏省令第十一號ニ定メタル第十六號書式ノ支出簿ヲ備フヘシ
本條ノ帳簿ハ會計主務官ノ爲メニ最モ大切ナルモノニシテ仕拂命令ノ調定支出ノ報告支出ノ證明ヲナスハ皆此帳簿ニ依ルモノトス

第七條　各省中央會計主務官ハ支出簿ノ外ニ會計規則第百十七條ニ依リ明治二十二年大藏省令第十一號ニ定メタル第十七號書式ノ歳出簿ヲ備フヘシ
本條ノ帳簿ハ會計規則第百十三條ニ依リ大藏省主計局ニ備フル所ノ主計簿歳出ノ部ト連絡ヲ有スルモノトス

第八條　支出簿ニハ明治二十二年大藏省令第十一號ニ定メタル第十六號書式備考第二ニ示ス如ク第一ニ大藏大臣ヨリ令達アリタル仕拂豫算額ヲ登記スヘシ
此仕拂豫算額ノ令達ハ明治二十二年大藏省令第十一號ニ定メタル第一號書式備考第二ニ示ス如ク會計規則第十一條第十二條ニ依リ各省大臣ヨリ大藏大臣ニ送付シタル計算書二通ノ內一通ヲ大藏大臣ヨリ會計主務官ニ送付スルノ手續トス

仕拂豫算額ノ增減ハ前項ノ手續ニ依リ大藏大臣ヨリ令達アルヘキニ付其令達ヲ得タルトキ登記スヘシ

會計規則第三十五條ニ依リ仕拂命令官ヨリ仕拂命令ノ送付ヲ受ケタルトキハ之ヲ調定シ明治二十二年大藏省令第十一號ニ定メタル第十六號書式備考第三ニ示ス如ク支出簿仕拂命令調定濟額ノ欄內ニ登記スヘシ

會計規則第六十三條ニ依リ大藏大臣ニ於テ定額ノ戻入ヲ檢視シタルトキハ（戻入取扱規程ハ明治二十二年大藏省令第十六號ニ依ル）明治二十二年大藏省令第十一號ニ定メタル第十一號書式ニ準シ定額戻入令達書ヲ作リ之ヲ會計主務官ニ送付スヘキニ付會計主務官ハ明治二十二年大藏省令第十一號ニ定メタル第十六號書式備考第四ニ示ス如ク支出簿仕拂命令調定濟ノ欄內ニ定額戻入ノ金額ヲ登記スヘシ

第九條　明治二十二年勅令第九十五號會計年度開始前現金支出規則ニ依リ大藏大臣ニ於テ年度開始前支出ヲ檢視シタルトキハ其令達書ヲ作リ之ヲ會計主務官ニ送付スヘキニ付會計主務官ハ令達書ノ金額ヲ支出簿（開始セサル年度ノ分）仕拂豫算額ノ欄內ニ登記シ追テ仕拂命令官ヨリ仕拂命令ノ送付ヲ受ケタルトキ大藏大臣令達ノ金額ニ照シテ調定シ其調定濟額ヲ支出簿ニ登記スヘシ

第十條　支出簿ノ詳細ヲ明カニスル爲メ要スル所ノ補助簿ハ明治二十二年大藏省令第

十一號ニ定メタル第十六號書式備考第五ニ示ス如ク會計主務官ニ於テ適宜之ヲ設ク
ヘキモノトス今左ニ凡ソ必用ナル補助簿ノ種類ヲ示ス
一　概算渡前金渡繰替拂ノ帳簿　此帳簿ニハ法律勅令ニ依リ概算渡前金渡繰替拂ヲ
許サレタル經費ノ支出ヲ登記シ其精算未精算ヲ調査スルノ用ニ供スルモノトス
二　歳出目別ノ帳簿　此帳簿ハ各項中各目ヲ區分シ經費ノ支出ヲ登記スルモノトス
右ノ外明治二十二年十一月會計檢査院ノ定メタル支出證明規程ニ依リ會計主務官ノ
證明スヘキ諸計算ヲ作ルニ必要ナル帳簿
第十一條　中央會計主務官ノ備フル歳出簿ニハ歳計豫算ニ依リ各省所管經費各款各項
ノ定額ヲ歳出簿定額ノ欄內ニ登記スヘシ
會計規則第五十七條ニ依リ大藏大臣ニ於テ繰越ヲ承認シタルトキハ繰越ノ令達書ヲ
作リ中央會計主務官ニ送付スヘキニ付中央會計主務官ハ其繰越金額ヲ歳出簿增加額
ノ欄內ニ登記スヘシ
會計規則第二十二條ニ依リ第二豫備金支出ノ勅裁アリタルトキ及同規則第十九條ニ
依リ大藏大臣ニ於テ第一豫備金支出ヲ承認シタルトキハ其令達書ヲ中央會計主務官
ニ送付スヘキニ付中央會計主務官ハ其金額ヲ歳出簿增加額ノ欄內ニ登記スヘシ
歳出簿仕拂命令調定濟額ノ欄內ニハ中央會計主務官自身ノ作リタル支出報告書及ヒ

他ノ會計主務官ヨリ送付ヲ受ケタル支出報告書ニ據リ其報告書仕拂命令調定濟額ノ欄內本月分ノ仕拂命令調定濟金額及ヒ定額戻入金額ヲ登記スヘシ

第三章　仕拂命令調定

第十二條　仕拂命令ニハ三種アリ即チ左ノ如シ

第一　通常ノ仕拂命令

第二　集合仕拂命令

第三　現金前渡仕拂命令

（第一）通常ノ仕拂命令ハ一箇ノ債主ニ直接ニ現金ヲ交付スル爲ニ發スルモノトス

（第二）集合仕拂命令ハ二人以上ノ債主ニ直接ニ現金ヲ交付スル爲ニ發スルモノトス

（第三）現金前渡仕拂命令ハ會計法第十五條第二項ニ依リ官吏又ハ政府ノ命シタル銀行（會計規則第四十二條ヲ見ヨ）ニ現金ヲ交付シ更ニ右官吏又ハ銀行ヲシテ政府ノ債主ニ仕拂ヲ爲サシムルタメニ發スルモノトス

第十三條　仕拂命令ノ樣式ハ明治二十二年大藏省令第十一號ヲ以テ定メタル第六號書式甲乙丙ノ三種ニシテ各々輪廓ノ摸樣ヲ異ニセリ

第十四條　會計規則第三十五條ニ依リ仕拂命令官ヨリ仕拂命令ニ證憑書類ヲ添ヘ之ヲ

會計主務官ニ送付シタルトキハ先ツ何年度所屬ニシテ何種ノ仕拂命令ナルヤヲ見定メ左ノ順序ニ從ヒ調定ヲ爲スヘシ

第一　仕拂命令ノ樣式ニ違フコトナキヤヲ調査スルコト

第二　仕拂命令ト按內仕拂命令トヲ照合シ年度科目金額其他記載ノ事項相違スル所ナキヤヲ調査スルコト

第三　支出簿仕拂豫算ノ殘額ト仕拂命令ノ金額トヲ照合シ仕拂豫算ニ超過スルコトナキヤヲ調査スルコト

第四　仕拂命令ト仕拂命令ニ添付セル證憑書類トヲ照合シ仕拂命令ニ依リ仕拂フヘキ經費ハ正當ニシテ仕拂ノ方法規則ニ違フコトナキヤ年度科目計算ニ誤ナキヤ其他法律命令ニ牴觸スルコトナキヤヲ調査スルコト

第十五條　前條第一第二ノ調査ヲナシ不都合ヲ發見スルトキハ直チニ仕拂命令ヲ仕拂命令官ニ返付シ改正ヲ求ムヘシ

前條第三ノ調査ヲナシ不都合ヲ發見スルトキハ直チニ仕拂命令ヲ仕拂命令官ニ返付シ改正ヲ求メ若シ仕拂命令官改正ヲ承諾セサルトキハ事由ヲ本屬大臣ニ申立ヘシ而シテ本屬大臣會計主務官ノ意見ニ同意セサルトキハ會計主務官會計規則第三十七條第二項但書ニ依リ事由ヲ具シ大藏大臣ノ指揮ヲ請フヘシ

前條第四ノ調査ヲナシ不都合ヲ發見スルトキハ直チニ仕拂命令ヲ仕拂命令官ニ返付シ改正ヲ求メ若シ仕拂命令官改正ヲ承諾セサルトキハ事由ヲ本屬大臣ニ申立ヘシ而シテ本屬大臣會計主務官ノ意見ニ同意セサルトキハ會計主務官會計規則第三十七條第二項ニ依リ特命調定ヲナシ直チニ事由ヲ詳具シ大藏大臣ニ報告スヘシ

第十六條　本訓令第十四條第四ノ調査ヲナストキ通常ノ仕拂命令ハ左ノ順序ニ依ルヘシ

第一　仕拂命令ニ依リ仕拂ハントスル經費ハ債主權ノ確定シタルモノナルヤ否ヤヲ調査シ若シ債主權ノ未確定ノモノナルトキハ何レノ法律勅令ニ依リ概算渡前金拂ヲナスヤヲ確カムヘシ

第二　仕拂命令ニ依リ仕拂ハントスル經費繰替拂ナルトキハ何レノ法律勅令ニ依リ繰替拂ヲナスヤヲ確カムヘシ

第三　各年度ニ屬スル經費ニシテ會計規則第四十四條ニ依リ翌年度四月一日以後六月三十日マテニ發シタル仕拂命令ノ送付ヲ受ケタルトキハ其仕拂命令ニ依リ仕拂フ經費ハ年度内ニ債主權ノ確定シタルモノニ相違ナキヤヲ確ムヘシ

第四　過年度ノ支出ニ係ル仕拂命令ナルトキハ會計規則第六十條ニ依リ大藏大臣承認ヲナシタルトキ其令達書ヲ會計主務官ニ送付スヘキニ付之ニ照合スヘシ

第五　仕拂命令ニ記入シタル年度ノ相當ナルヤヲ會計規則第二條ニ照シ調査スヘシ
第六　仕拂命令ニ記入シタル科目ノ相當ナルヤヲ仕拂豫算ノ科目ト證憑書トニ照シ調査スヘシ
第七　仕拂命令ニ記入シタル金額ノ違算ナキヤヲ確カムル爲メ證憑書ニ照シ計算スヘシ
第八　正當ニ政府ノ經費ナルヤヲ證憑書ニ照シ調査スヘシ
第九　政府ノ工事及物件買入借入ニ係ル經費ノ仕拂命令ナルトキハ競爭契約ナルヤ隨意契約ナルヤヲ證憑書ニ照シ調査シ隨意契約ナルトキハ會計法第二十四條但書何レノ塲合ニ該當セルヤヲ證憑書ニ照シ確カムヘシ
第十　會計規則第六十七條ニ依リ工事ノ既濟部分又ハ物品ノ既納部分ニ對シ完濟前ニ代價ノ一部分ヲ仕拂ハントスル仕拂命令ナルトキハ會計規則第六十七條ノ制限ヲ超過スルコトナキヤヲ證憑書ニ照シ確カムヘシ
第十七條　本訓令第十四條第四ノ調査ヲ爲ストキ集合仕拂命令ハ左ノ順序ニ依ル
第一　會計規則第三十三條但書六種費目中何レニ該當スルヤヲ確カムヘシ
第二　金額氏名表ノ金額ト仕拂命令ノ金額ト相違ナキヤヲ確カムヘシ

第三　仕拂命令ニ記入シタル年度ノ相當ナルヤヲ會計規則第二條ニ照シ確カムヘシ

第四　仕拂命令ニ記入シタル科目ノ相當ナルヤヲ仕拂豫算科目ト證憑書トニ照シ確カムヘシ

第五　仕拂命令ニ依リ仕拂ハントスル經費ハ債主權ノ確定シタルモノナルヤ否ヤヲ調査シ若シ債主權未確定ノモノナルトキハ何レノ法律勅令ニ依リ概算渡前金拂ヲナスヤヲ確カムヘシ

第六　金額氏名表ノ金額氏名ニ相違ナキヤヲ證憑書ニ照シ確カムヘシ金額ハ計算ニ付シ確カムヘシ

第七　仕拂命令ニ依リ仕拂ハントスル經費ハ正當ニ政府ノ經費ナルヤヲ證憑書ニ照シ確カムヘシ

第十八條　本訓令第十四條第四ノ調査ヲ爲ストキ現金前渡仕拂命令ハ左ノ順序ニ依ル

第一　會計法第十五條第二項何レノ場合ニ該當スルヤヲ確カムヘシ

第二　政府ノ命シタル銀行ニ現金ヲ交付セントスル仕拂命令ナルトキハ會計規則第四十二條ノ範圍内ナルヤヲ確カムヘシ

第三　會計規則第三十九條ノ各項ニ照シ仕拂命令ノ金額同條ニ定メタル制限ニ超

過スルコトナキヤ又必用ナルヨリモ餘分ノ現金前渡ナルコトナキヤヲ確カムヘシ

第四　一度現金ヲ前渡シタル主任官吏ニ更ニ現金ヲ前渡セントスル仕拂命令ハ會計規則第四十條ニ照シ同條ニ定メタル制限ニ超過スルコトナキヤヲ確カムヘシ

第五　仕拂命令ニ記入シタル年度ノ相當ナルヤヲ會計規則第二條ニ照シ確カムヘシ

第六　仕拂命令ニ記入シタル科目ノ相當ナルヤヲ仕拂豫算ノ科目ト證憑書トニ照シ確カシムヘシ

第十九條　仕拂命令ノ調査ヲナスニ必要ナル證憑書ハ會計規則第三十五條ニ依リ仕拂命令官ヨリ會計主務官ニ送付スヘキ義務アルモノニ付若シ證憑書不完全ナルトキハ會計主務官ハ仕拂命令官ニ向テ事實ヲ確カムルニ充分ナル證憑書ヲ送付センコトヲ要求スヘシ

第二十條　本訓令第十六條第十七條ノ調査ヲ爲スニ必要ナル證憑書ノ種類ハ凡ソ左ノ如シ

第一　債主ノ請求書若クハ請求書ニ代ハルヘキ書類

第二　規則又ハ契約ニ依リ一定シタル經費ニシテ債主ノ請求書ヲ徵セスシテ仕拂

命令ヲ發スルモノハ規則書又ハ契約書及ヒ負債ヲ確カメ得ヘキ書類
第三　一項中數目ヲ合セタル仕拂命令ニシテ各目ノ金額分明ナラサルモノハ各目ノ仕譯書
第四　工事及物件ノ購買借入ニ關スル仕拂命令ハ其各種契約書其他事實ノ確實ヲ證スル書類
第五　會計規則第六十七條ニ依リ工事ノ既濟部分又ハ物品ノ既納部分ニ對シ完濟前ニ代價ノ一部分ヲ仕拂ハントスル仕拂命令ナルトキハ同條ニ依リ檢査ノ官吏ノ作リタル調書
第六　明治二十二年十一月會計檢査院ニ於テ定メタル支出證明規程第十一條第十二條第十四條第十五條第十六條第十七條第十八條第十九條第二十條第二十一條ノ事項ヲ調査スルニ必要ナル書類

第二十一條　本訓令第十八條ノ調査ヲ爲スニ必要ナル證憑書ノ種類ハ凡ソ左ノ如シ
第一　會計法第十五條第二項ノ第一ニ當ル場合ハ國債元利ノ計算ヲ明ニセル書類
第二　會計法第十五條第二項ノ第二第三第四第五第六第七第八ニ當ル場合ハ經費支出ノ必要ヲ確カムヘキ書類

第二十二條　仕拂命令ノ調定ヲ了リ會計主務官之ヲ正當ト認メタルトキ若クハ會計規

則第三十七條第二項ニ依リ特命調定ヲ爲シタルトキハ式ノ如ク支出簿ニ登記シ然ル後チ仕拂命令ト案内仕拂命令トヲ切離シ受取人ヨリ領收證書ヲ徴シ仕拂命令ヲ受取人ニ交付シ同時ニ案内仕拂命令ヲ金庫ニ送付スヘシ

支出簿ニ登記セサル前ニ仕拂命令ヲ受取人ニ交付シ若クハ仕拂命令ヲ受取人ニ交付セサル前ニ案内仕拂命令ヲ金庫ニ送付スルトキハ行違ヲ生シ易キヲ以テ必ス前項ノ手續ヲ怠ルヘカラス

毎月末日受取人ニ交付スル仕拂命令ノ案内仕拂命令ハ其日ノ開庫時間内ニ金庫ニ到着スル樣發送スヘシ若シ案内仕拂命令ノ送付方遲延シ金庫ニ於テ之ヲ翌月ノ計算ニ組込トキハ月計對照表上差違ヲ生スヘキニ付必ス本項ノ注意ヲ怠ルヘカラス

第二十三條　會計規則第三十三條但書及第三十六條但書ニ依リ集合仕拂命令ヲ以テ債主ニ仕拂ヲナストキ又ハ仕拂命令ヲ當テタル金庫即チ仕拂命令官所在地ノ金庫所在地ノ外ニ於テ仕拂ヲ爲スタメ送金ヲ要スルトキハ式ノ如ク支出簿ニ登記シ集合仕拂命令ハ其本命令案内仕拂命令及金額氏名表共又通常ノ仕拂命令ハ其本命令及案内仕拂命令共之ヲ金庫ニ送付スヘシ

前項ノ場合ニ於テ會計主務官ハ本訓令附屬書式ノ領收證書用紙ニ式ノ如ク記入捺印シ之ヲ受取人ニ交付シ金庫ハ明治二十二年大藏省訓令第七十二號金庫出納事務規程

第十五條第十六條ニ依リ本項ノ領收證書ト引替ニ現金ヲ受取人ニ交付シタル後チ其領收證書ヲ會計主務官ニ送付スルモノトス

前項ニ依リ金庫ヨリ領收證書ヲ會計主務官ニ送付シタルトキハ元ト切離シタル領收證書ノ原符ニ照シ「何年月日仕拂濟」ノ印ヲ原符ニ捺シ金庫出納事務規程第十六條第二項ノ領收證書ハ本訓令第二十四條第二十五條ニ依リ之ヲ金庫ニ返付スヘシ

本條第一項ニ依リ集合仕拂命令ヲ金庫ニ送付シタルトキハ金庫ヨリ其領收證書ヲ徵スヘシ此領收證書ハ會計檢査院ニ向テ支出ノ證明ヲナストキ正當受取人ノ領收證書ニ代ハリ證憑トナルモノトス但シ支出ノ證明ヲナストキハ別ニ集合仕拂命令ニ添附セル金額氏名表ノ謄本ヲ作リ之ヲ添ユヘシ

第二十四條　金庫出納事務規程第七十二條第八十六條第九十七條ニ依リ金庫ヨリ歲出金月計對照表現金交付濟仕拂命令及同事務規程第十六條ノ受取人ノ領收證書ノ送付ヲ受ケタルトキハ速ニ調査シ不都合ナキトキハ金庫出納事務規程第三十四號書式ニ示ス如ク月計對照表ニ記入捺印シ甲號表ハ之ヲ留置キ乙號表ハ仕拂濟ノ仕拂命令及受取人領收證書ト共ニ明治二十二年大藏省訓令第七十四號ニ依リ三日以内ニ之ヲ金庫ニ送付スヘシ

第二十五條　金庫出納事務規程第七十四條第八十八條第九十七條ニ依リ金庫ヨリ歲出

仕拂未濟繰越金支出月計對照表現金交付仕拂命令及同事務規程第十六條ノ受取人ノ領收證書ノ送付ヲ受ケタルトキハ速ニ調査シ不都合ナキトキハ金庫出納事務規程第三十六號書式ニ示ス如ク月計對照表ニ記入捺印シ仕拂濟ノ仕拂命令及受取人領收證書ト共ニ三日以內ニ之ヲ金庫ニ送付スヘシ

第四章　支出報告

第二十六條　會計規則第四十九條ニ依リ會計主務官ノ調製スル每月支出報告書ハ每月末日支出簿ノ締高ニ依リ明治二十二年大藏省令第十一號ニ定メタル第七號書式ニ從ヒ之ヲ調製シ本屬大臣ノ定メタル期限ニ左ノ參照書類ト共ニ之ヲ中央會計主務官ニ送付スヘシ

一　歲出金月計對照表甲號表ノ分

二　前項ノ外大藏省主計局長及中央會計主務官ヨリ要求スル參照書類

第二十七條　會計規則第五十條ニ依リ中央會計主務官ノ調製スル每月支出總報告書ハ中央會計主務官自身ニ作リタル每月支出報告書及他ノ會計主務官ヨリ送付ヲ受ケタル每月支出報告書ノ金額ヲ集計シ集計ノタメ補助簿ヲ設クルヲ便トス明治二十二年大藏省令第十一號ニ定メタル第八號書式ニ從ヒ之ヲ調製シ會計規則第五十條ノ期限內ニ左ノ參照書類ト共ニ之ヲ大藏大臣ニ送付スヘシ

一　毎月支出報告書　中央會計主務官ノ作リタル分及他會計主務官ヨリ送付ヲ受ケダル分トモ

二　歳出金月計對照表　甲號表ノ分ニシテ中央會計主務官自身ノ分及ヒ他會計主務官ヨリ送付ヲ受ケタル分トモ

三　前二項ノ外大藏省主計局長ヨリ要求スル參照書類

第二十八條　會計主務官ハ毎月支出報告書及毎月支出總報告書ノ送付方定期ニ後レサル樣嚴密ニ注意スヘシ萬一其送付方定期ニ後ルヽトキハ其事故ヲ取調會計主務官ヲ相當處分ニ及フコトアルヘシ

會計主務官ヨリ中央會計主務官ニ送付スル毎月支出報告書定期ニ後レタルトキハ遲延ノ事由ヲ具シ中央會計主務官ヨリ之ヲ大藏大臣ニ報告スヘシ

毎月支出報告書ノ送付定期ニ後レタルカ爲メ毎月支出總報告書ノ提出定期ニ後ルヽノ恐アルトキハ中央會計主務官ハ既著ノ毎月支出報告書ニ依リ毎月支出總報告書ヲ作リ其旨ヲ大藏大臣ニ報告シ延著ノ毎月支出報告書ハ之ヲ取纏メ毎月支出總報告書ノ式ニ準シ追加報告書ヲ作リ大藏大臣ニ送付スヘシ

第五章　支出證明

第二十九條　會計規則第四十四條ノ期限經過スルトキハ會計主務官ハ直チニ支出簿ヲ締切リ會計規則第九十五條ノ計算書ノ調製ニ著手スヘシ

本條計算書ノ書式ハ明治二十二年十一月會計檢査院ニ於テ定メタル支出證明規程第

一條ニ依ル

本條計算書ハ毎年度經過後五箇月以內ニ之ヲ所屬大臣ノ指定シタル下檢査官吏ニ送付スヘシ

本條計算書提出ノ期ニ際シ若シ概算渡ノ精算ニ至ラサルモノアルトキハ支出證明規程第二條ニ依ル

會計規則第九十五條ニ依リ本條ノ計算書ニ添付スヘキ證憑書類ハ支出證明規程第六條ニ依リ之ヲ下檢査官吏ニ送付スヘシ但其證憑書類ハ支出證明規程第二章ノ各條第九條ヨリ第二十五條ニ至ルニ定ムル所ニ依ル

一仕拂豫算中數局課ヲ包含スルモノアルトキハ支出證明規程第五條ニ依リ俸給仕拂額ヲ各目ニ區分セル明細書ヲ本條ノ計算書ニ添付スヘシ

支出證明規程第八條ノ事項中會計主務官限リニテ取調ヲナシ得ヘカラサルモノハ仕拂命令官ヨリ通知ヲ受クヘシ

第三十條　中央會計主務官會計規則第四十四條ノ期限マテノ毎年度毎月支出報告書ヲ悉皆受領シ之ヲ歲出簿ニ登記シタルトキハ歲出簿ヲ締切リ支出證明規程第四條ノ計算表ヲ調製シ前條ノ計算書ニ添付スヘシ

第三十一條　會計主務官交替ヲ爲シタルトキハ其責任ニ屬スル證明未濟ノ會計事務計

算書ヲ調製シ會計規則第九十九條ノ期限內ニ本訓令第二十九條ノ手續ヲナスヘシ

第三十二條　一會計年度中會計主務官ノ交替アリタルトキハ後任會計主務官ノ證明スヘキ本訓令第二十九條ノ計算書ニハ支出證明規程第三條ニ依リ前任會計主務官ノ支出調定額ヲ併算スヘシ

第三十三條　本訓令第二十九條ニ依リ會計主務官ノ提出シタル計算書ハ會計規則第百一條ニ依リ修正變更ヲ許ルサス但シ會計檢査院法第二十條ニ依リ會計檢査院ヨリ正誤ヲ命シタル場合ハ此限リニアラス

「(書式)」　　　　「」ノ內及印章ハ孰モ朱

「備考」

「第一」「領收證書用紙ニハ領收スヘキ金額番號仕拂命令ノ番號金庫名及受取人ノ欄內ヘ任所(金庫ノ調査上必要ナキ場合ニ於テハ任所ノ記入ヲ略スルモ妨ケナシ)氏名共會計主務官ニ於テ記入スルモノトス」

「第二」「受取人ニ於テ現金ヲ領收ノ際年月日ヲ記入シ署名捺印シテ之ヲ金庫ヘ交付スルモノトス」

用紙適宜 縱四寸五分 橫三寸三分ノモノ二枚接續

第「何」號	
受取人	「何府(縣)下何地」「何　某」

某年度(集合)仕拂命令第「何」號(ノ內)

原

符

一金「何程」

明治「何」年「何」月「何」日

「會計主務官割印」

印

領收證

第「何」號

受取人

「何府(縣)下何地」

「何某」

某年度(集合)仕拂命令第「何」號(ノ內)

會計主務官ノ印

一金「何程」

右領收候也

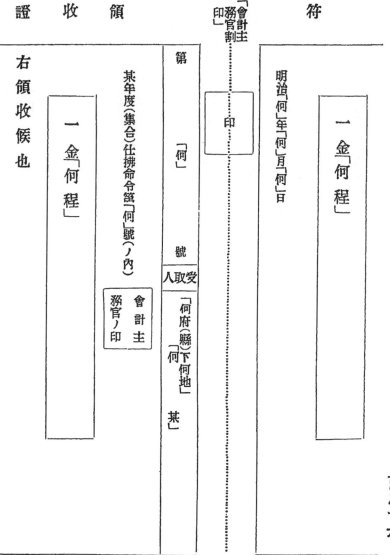

書

明治「何」年「何」月「何」日

「何地金庫宛」

「受取人」
「何　某」印

領収証書裏面

此領収証書用紙ハ會計主務官ニ於テ調製シ受取人ヘ交付スヘシ
受取人ニ於テ金庫ヨリ現金領収ノ際表面ヘ其年月ヨリ記入シ署名捺
印シテ之ヲ金庫ヘ交付スヘシ

出納官吏現金取扱規則 大藏省令第十三號 廿二年十月四日

第一章 義務委托

第一條 金庫所在地ノ出納官吏ハ其取扱フ所ノ現金ヲ保管ノ爲メ其地ノ金庫ニ委托スヘシ

第二條 前條ニ據リ委托ヲ爲サントスルトキハ出納官吏ハ其資格氏名ヲ記シタル印鑑二通ヲ大藏大臣ニ送付シ同時ニ其旨ヲ金庫ニ申込ムヘシ

第三條 出納官吏ヨリ保管金ノ拂込ヲナストキハ金庫ハ其保管證書ヲ製シ現金ト引換ニ之ヲ出納官吏ニ交付スヘシ

第四條 大藏大臣ハ第二條ノ印鑑送付ヲ受ルトキハ出納官吏ノ資格ヲ調査シ一通ノ印鑑ヲ金庫ニ送付シ同時ニ其旨ヲ出納官吏ニ通知スヘシ

第五條 金庫ハ大藏大臣ヨリ出納官吏ノ印鑑送付ヲ受ルトキハ保管金引出切符用紙ヲ出納官吏ニ交付スヘシ

第六條 出納官吏ハ保管金ノ仕拂ヲ金庫ニ請求セントスルトキハ總テ引出切符ヲ以テスヘシ

第七條 出納官吏ハ其委托シタル保管金ト同種ノ貨幣ヲ以テ仕拂ヲ請ハントスルトキハ拂込ノ際特ニ之ヲ金庫ニ求ムヘシ拂込ノ際特別ノ請求ナキモノハ總テ有合ノ通貨

ヲ以テ仕拂フヘシ
第八條　出納官吏ハ其委托シタル保管金ヲ以テ收入又ハ返納ノ爲メ金庫ニ拂込ヲナサントスルトキハ引出切符ヲ以テ拂込ヲナスヘシ
第九條　金庫ハ毎年三月三十一日ニ於テ其年度中ニ委托セラレタル保管金額ヨリ仕拂タル金額ヲ扣除シ其殘金額ニ對シ更ニ保管證書ヲ製シ同年度中ニ出納官吏ニ交付シタル保管證書ト引換フヘシ
第十條　陸海軍隊費ニシテ現金仕拂ヲ要スル場合及廳中雜費工事費ニシテ小口ノ現金仕拂ヲ要スル場合ニ於テハ金庫所在地ニアリテモ所要ノ金額ニ限リ本規則第二章ニ據リ現金ヲ保管スルコトヲ得
前項所要ノ金額ハ仕拂命令官之ヲ定ム

第二章　隨意保管

第十一條　金庫ノ設ナキ場所ニ於テ現金ヲ保管スル所ノ出納官吏ハ堅牢ナル函ヲ備ヘ之ニ其保管ニ係ル現金及ヒ出納ノ帳簿ヲ藏置スヘシ
二人以上共同責任ヲ以テ現金ヲ保管スル場合ニ於テハ二箇以上ノ鎖鑰ヲ有スル堅牢ノ函ヲ備ヘ出納官吏其鎖鑰ヲ分管スヘシ
出納官吏現金ヲ携帶シテ旅行スル場合ニ於テハ前二項ニ據ラス相當ノ保護法ヲ設ル

コトヲ得

第十二條　出納官吏ノ保管ニ係ル現金ハ私有金ト混スルヲ得ス

第十三條　出納官吏他ノ公金ノ出納ヲ兼掌スルトキハ其現金ヲ官金ト同一ノ函中ニ藏置スルコトヲ得

第十四條　出納官吏ハ第十一條ニ據リ現金保管ヲナシ難キ塲合ニ於テハ自已ノ責任ヲ以テ確實ナル銀行又ハ身代ノ確實ナル一私人ニ其保管スヘキ現金ノ保管ヲ托スルコトヲ得

前項ノ塲合ニ於テハ私金ト區別シ其計算ヲ混スヘカラス

第三章　拂込

第十五條　金庫所在地ノ收入官吏現金ヲ以テ租稅其他ノ收入ヲ收納スルトキハ毎日之ヲ取纏メ拂込書ヲ添ヘテ翌日マテニ金庫ニ拂込ムヘシ但收入金額五拾圓未滿ナルトキハ毎一ケ月取纏金庫ニ拂込ムコトヲ得

第十六條　金庫ノ設置ナキ地方ノ收入官吏現金ヲ以テ租稅其他ノ收入ヲ收納スルトキハ左ノ制限ニ從ヒ之ヲ取纏メ拂込書ヲ添テ大藏大臣ノ指定シタル金庫ニ拂込ムヘシ

但次條ニ定メタル塲合ハ此限ニアラス

第一　收入金高百圓未滿ハ　毎十日

第二　同　三百圓未滿ハ　每五日
第三　同　三百圓以上ハ　翌日限

第十七條　外國及運輸通信ノ不便ナル地方ニシテ金庫ノ設置ナキ場合ニ於テ收入官吏現金ヲ以テ租税其他ノ收入ヲ收納スルトキハ每月其金額ヲ取調ヘ本屬大臣ヲ經由シテ之ヲ大藏大臣ニ報告シ同時ニ其金額ノ監守證ヲ製シテ大藏大臣ノ指定シタル金庫ニ送付スヘシ

第十八條　金庫ハ前條ノ場合ニ於テ收入官吏ト同場所又ハ其場所ト爲替送金ノ便アル地方ニ於テ仕拂フヘキ仕拂命令ヲ受ルトキハ收入官吏ノ監守證ニ別符付ノ領收證ヲ添ヘテ之ヲ受取人ニ送付スヘシ

第十九條　收入官吏ハ前條ノ受取人ヨリ監守證ヲ以テ現金ノ拂渡ヲ請求セラルヽトキハ其監守證ト引換ニ現金ヲ交付シテ金庫ノ領收證ヲ受クヘシ

雜則

第二十條　本規則ハ收入官吏現金前渡ヲ受タル官吏特別會計ニ係ル官金出納官吏ニ適用ス

第二十一條　本規則ハ明治二十三年四月會計法施行ノ日ヨリ施行ス

〇出納官吏保管金引出切符書式 大藏省訓令第七十號 明治二十二年十二月十八日

出納官吏

明治二十二年十月大藏省令第十三號出納官吏現金取扱規則第五條ノ保管金引出切符ハ甲號書式同則第十七條ノ監守證ハ乙號書式ノ通リ相心得ヘシ

書式中「　」ノ内竝ニ印章ハ朱

「甲號書式」

案內引出切符

乙第「何」號

金「三百圓」也

「何之誰」渡

此引出切符本日發行ス

出納官吏「官氏名」印

明治「何」年「何」月「何」日

「何地」金庫宛

引出切符

甲第何號

金三百圓也

何之誰渡

出納官吏割印

本行ノ金額ハ切符發行ノ日ヨリ三日間ヲ限リ

此引出切符持參人ニ仕拂可有之候也

出納官吏官氏名印

明治何年何月何日

何地金庫宛

圓
300.000

「乙號書式」

出納官吏割印

第「何」號

金「三」百圓也

何之「誰」渡

何地金「庫」

明治「何」年「何」月「何」日

「備考」

出納官吏現金取扱規則第十七條ノ内外國ニ係ルモノニハ外國貨幣ヲ本條ニ揭ケ本邦通貨ヲ腹書スヘシ」

用紙適宜縱四寸五分横三寸三分ニ枚接續

原符

第「何」號「某」年度「所管廳」

「經常（臨時）」「何々（款）」「何々（項）」「何々（目）」

一金「何程」

收入ノ目的

明治「何」年「何」月「何」日

收入官吏割印

監守證

第「何」號「某」年度「所管廳」

「經常（臨時）」「何々（款）」「何々（項）」「何々（目）」

一金「何程」

收入ノ目的

右監守候也

明治「何」年「何」月「何」日

「何廳收入官」

「氏名」印

○

出納官吏身元保證金納付方　勅令第四號　明治廿三年一月十八日

朕出納官吏身元保證金ノ件ヲ裁可シ茲ニ之ヲ公布セシム

第一條　左ノ出納官吏ニシテ其取扱金額一箇年五百圓以上又ハ常時保管スル物品ノ價格千圓以上ニ達スルモノハ身元保證金ヲ納ムヘシ

第一　現金ノ領收ヲ常職トスル官吏

第二　常時現金前渡ヲ受クル官吏

第三　物品會計官吏

第二條　身元保證金ハ就職ノ時納付スヘキモノトス但現ニ明治二十三年四月一日ニ在職セル出納官吏ニ限リ明治二十三年四月以後明治二十八年三月マテ五箇年間ヲ期シ其身元保證金額ヲ平分シ毎年四期又ハ毎月ニ之ヲ納付セシムヘシ

前項明治二十三年四月一日ニ在職セル出納官吏ニシテ土地若クハ公債證書ヲ以テ身元保證金ニ代用セントスル者ハ明治二十三年九月マテニ一時ニ納付セシムヘシ

第三條　身元保證金ニ代用セントスル公債證書ハ有利足ノモノヲ以テシ其價格ハ明治

二十三年三月中東京取引所平均ノ相場ニ依リ爾後五箇年毎ニ其年三月中ノ同所平均相場ニ依リ其價格ヲ改定スヘシ但明治二十三年三月以後新ニ發行シタル公債證書ノ價格ハ身元保證金納付前月ノ東京取引所ノ平均相場ニ依リ爾後本條ノ期限ト同時ニ其價格ヲ改定スヘシ

第四條　身元保證金ニ代用セントスル土地ノ價格ハ總テ土地臺帳ニ登記ノ價格ニ依ルヘシ

第五條　會計規則第百五條第二項ニ依リ身元保證書金ニ代用シタル公債證書若クハ土地ヲ公賣スルトキ其公賣公告入費ハ損失金ノ辨償ヲ命セラレタル出納官吏ヲシテ辨償セシムヘシ

第六條　出納官吏ノ身元保證金納入拂戻等ニ關スル取扱規則ハ大藏大臣ノ定ムル所ニ依ル

○

出納官吏身元保證金取扱規則　大藏省令第二號　明治二十三年一月廿五日

本年勅令第四號第六條ニ依リ出納官吏身元保證金取扱規則左ノ通相定ム

出納官吏身元保證金取扱規則

第一條　出納官吏會計規則第百三條ニ依リ現金ヲ以テ身元保證金ヲ納付セントスルトキハ其現金ヲ預金局預金ノ取扱所ニ預ケ入レ其保管證書ヲ得之ニ納付書ヲ添ヘ各省大臣ヲ經由シテ大藏大臣ニ納付スヘシ

第二條　出納官吏會計規則第百三條但書ニ依リ土地ヲ以テ現金ニ代用セントスルトキハ各省大臣定ムル所ノ規程ニ依リ認可ヲ得タル後チ土地ノ所在地價格及登記ヲ受ケントスル日限ヲ記シタル請求書二通ヲ製シ各省大臣ヲ經由シテ大藏大臣ニ送付スヘシ

第三條　大藏大臣ハ前條ノ申出ニ依リ登記日限ヲ定メ土地所在地ノ北海道廳長官府縣知事ニ命シ登記法第二十一條ノ手續ヲ代理セシムヘシ

第四條　北海道廳長官府縣知事ハ土地ノ登記ヲ了シタルトキハ其書入證書ヲ大藏大臣ニ送付スヘシ

第五條　出納官吏會計規則第百三條但書ニ依リ現金ニ代用スル公債證書ハ記名トシ利札付ノマヽ之ヲ金庫ニ預ケ入レ其保管證書ヲ得之ニ書入證書ヲ添ヘ各省大臣ヲ經由シテ大藏大臣ニ納付スヘシ

第六條　大藏大臣ハ前四條ニ依リ身元保證金ノ納付濟トナリタルトキ其納付濟證ヲ製シ各省大臣ヲ經テ之ヲ出納官吏ニ交付スヘシ但明治二十三年勅令第四號第二條但書ノ場合ニ於テ大藏大臣ハ納付ノ都度其假納付證ヲ交付シ完納ニ至テ納付濟證ト交換

スヘシ

第七條　明治二十三年勅令第四號第二條但書ニ據リ身元保證金ヲ納付スルモノハ本年二月末日マテニ四期納付又ハ每月納付ノ一ヲ撰ミ各省大臣ヘ願出ツヘシ各省大臣ハ前項ノ情願ヲ認可シタルモノヲ取纏メ本年三月十五日マテニ之ヲ大藏大臣ニ通知スルモノトス

第八條　明治二十三年勅令第四號第二條但書ニ據リ身元保證金ヲ納付スルモノハ左ノ期限ニ依ル

四期納付ノ分

第一期　六月末日マテ

第二期　九月末日マテ

第三期　十二月末日マテ

第四期　三月末日マテ

每月納付ノ分

每月末日マテ

第九條　出納官吏土地若クハ公債證書ヲ以テ現金ニ代用シタル塲合ニ於テ明治二十三年勅令第四號第三條及ヒ第四條ノ計算ニ依リ身元保證金額ニ對シ過剰ヲ生スルコト

アルモ其儘納付スルハ妨ケナシ

第十條　出納官吏公債證書ヲ以テ身元保證金ニ代用シタル場合ニ於テハ其利子渡期ニ至リ前ニ公債證書ヲ預入タル金庫ニ於テ其利札ヲ受取ルヘシ

第十一條　會計規則第百十條ニ依リ身元保證金ノ拂戻ヲ要スルトキハ出納官吏ハ各省大臣ヲ經由シテ責任解除ヲ得タルコトヲ大藏大臣ニ證明シ身元保證金ノ拂戻ヲ請求ヘスシ

第十二條　身元保證金ヲ拂戻ストキ現金及公債證書ハ大藏大臣ヨリ各省大臣ヲ經テ保管證書又ハ書入證書ヲ出納官吏ニ返付スヘシ又土地ハ大藏大臣其書入證書ヲ北海道廳長官府縣知事ニ送付シ書入ノ解除ヲナス爲メ登記法第二十三條ノ手續ヲ代理セシメ書入證書ヲ出納官吏ニ返付セシムヘシ

前項保管證書又ハ書入證書ハ身元保證金ノ納付濟證ト引換ニ之ヲ出納官吏ニ交付スヘシ

第十三條　前條ニ依リ北海道廳長官府縣知事ニ於テ土地書入解除ノ手續ヲ了シタルトキハ其旨大藏大臣ニ届出テ大藏大臣ハ其旨ヲ各省大臣ニ通知スヘシ

第十四條　會計規則第百五條ニ依リ出納官吏ノ身元保證金ヲ以テ損失金ノ辨償ニ充テントスルトキハ各省大臣ヨリ會計撿査院判決書ノ寫ヲ添ヘテ其旨ヲ大藏大臣ニ照會

スルモノトス

前項ノ塲合ニ於テ大藏大臣ハ直ニ各省大臣ノ照會ニ應シ出納官吏ノ身元保證金（土地公債証書ハ公賣ノ後）ヨリ損失金ノ辨償ニ充ツヘキ金額ヲ差引シ其旨各省大臣及ヒ出納官吏ニ通知スヘシ

第十五條　大藏大臣ハ會計規則第百五條第二項ノ塲合ニ於テ土地公債證書ヲ公賣シタルトキハ仝時ニ出納官吏ニ向テ公賣公告入費ノ辨償ヲ命スヘシ

第十六條　會計規則第百五條第三項及ヒ第百六條ノ塲合ニ於テ各省大臣ハ直ニ其辨償追徴ノ手續ヲ履行シ其始末ヲ大藏大臣ニ通知スルモノトス

第十七條　會計規則第百八條ニ依リ各省大臣身元保證金ノ追納期限ヲ指定シタルトキ及ヒ會計規則第百九條第一項ニ依リ身元保證金ノ增納ヲ要スルトキハ各省大臣ヨリ其追納期限及ヒ增納期限起算日ヲ大藏大臣ニ通知スルモノトス

○

金庫規則 勅令第百二十六號 明治二十二年十二月十一日

第一條　金庫ハ國庫ニ於テ保管出納スル現金ヲ取扱フ所トス

第二條　金庫ヲ分テ左ノ三種トス

第一　中央金庫
第二　本金庫
第三　支金庫
第三條　東京ニ中央金庫ヲ置キ各府縣廳下（東京府ヲ除ク）及北海道札幌函館根室ニ本金庫ヲ置ク
大藏大臣ハ右ノ外必要ト認ル場所ニ支金庫ヲ設置スヘシ
第四條　金庫ハ大藏大臣之ヲ管理ス
第五條　中央金庫ハ各地ノ本金庫ヲ統轄シ本金庫ハ所屬ノ支金庫ヲ總轄ス
但東京府下ノ支金庫ハ直ニ中央金庫ニ於テ總轄ス
第六條　中央金庫本金庫支金庫ノ現金ノ保管出納ハ日本銀行ヲシテ取扱ハシム
第七條　日本銀行ハ本金庫支金庫ノ現金ノ保管出納ヲ取扱フ爲メ各地ニ其支店又ハ代理店ヲ設置スヘシ
第八條　日本銀行ノ支店長又ハ日本銀行ノ代理店長ハ金庫出納役ノ代理人トシテ其事務ヲ分擔スヘシ
但代理店ノ支店ニ於テ金庫ノ事務ヲ取扱フトキハ代理店長其支店長ニ代理ノ事務ヲ委囑スヘシ

第九條　日本銀行ハ第七條ニ據リ各地ノ代理店ヲ定メントスルトキハ大藏大臣ノ認可ヲ要ス

第十條　大藏大臣ハ檢査官吏ヲ派出シ何時ニテモ金庫ノ金櫃帳ヲ檢査スルコトヲ得
此塲合ニ於テハ日本銀行本支店代理店タル銀行全部ノ金櫃帳簿ヲ併セテ檢査スルコトアルヘシ

第十一條　日本銀行ハ中央金庫本金庫支金庫ノ現金ノ保管出納ニ付政府ニ對シ一切ノ責任ヲ有ス

第十二條　金庫ニ於テ備フヘキ帳簿ノ種類其規程出納ノ順序及金庫ノ檢査規程ハ大藏大臣ノ定ムル所ニ依ル

第十三條　本規則ハ明治二十三年四月一日ヨリ施行ス

○

金庫出納事務規程　大藏省訓令第七十二號　明治二十二年十二月二十日

北海道廳　府縣
金庫出納役

金庫出納事務規程左ノ通リ相定メ明治二十三年四月一日ヨリ施行スヘシ

金庫出納事務規程

第一章　總則

第一條　金庫ノ事務ヲ分チ歳入部歳出部雜部ノ三部トス但必要ノ場合ニ於テハ此他臨時ノ部門ヲ設クルコトアルヘシ

第二條　金庫ノ出納ハ大藏大臣ノ指定スル開庫時間内ニ於テス但各廳ノ請求ニ據リ臨時至急ノ仕拂ヲ要スルトキ又ハ納期ニ際シ領收金輻湊スルトキハ此限ニアラス

第三條　金庫ニ於テ領收スル現金ハ其貨幣持參人ノ目前ニ於テ鑑定スヘシ但贋造描改ノ通貨ヲ發見シタルトキハ明治九年第五十七號布告ニ據ルヘシ

第四條　金庫ニ於テ仕拂ニ用フル現金ハ其金庫在合ノ通貨ヲ以テス但保管金ニシテ同種ノ貨幣ヲ以テ拂戻ヲ要スルコトアルトキハ此限ニアラス

第五條　金庫ハ照較ニ供スル爲メ出納ニ關係アル官吏ヘ其印鑑及事務取扱主任者ノ印鑑ヲ差出スヘシ

第六條　大藏大臣ハ照較ニ供セシムル爲メ出納ニ關係アル官吏ノ印鑑ヲ徵シ之ヲ金庫ヘ交付スヘシ

第二章　歳入部

第七條　金庫ハ納人ヨリ徵稅令書、納付書若シクハ納入告知書ヲ添ヘ現金ノ納付ヲ受クルトキハ之ヲ領收シ該徵稅令書納付書若シクハ納入告知書ニ接續セル領收證書ヘ規定ノ如ク領收濟ノ年月日及金庫名ヲ記入シ金庫竝ニ取扱主任者ノ印ヲ捺シ其領收證書ハ別符ト接續ノ儘納人ヘ交付シ徵稅令書。納付書、納入告知書ハ該金庫ニ留置クヘシ

第八條　金庫ハ收入官吏ヨリ現金拂込書ヲ添ヘ現金ノ拂込ヲ受クルトキハ之ヲ領收シ該拂込書ニ接續セル領收證書ヘ規定ノ如ク領收濟ノ年月日及金庫名ヲ記入シ金庫竝ニ取扱主任者ノ印ヲ捺シ其領收證書ハ別符ト接續ノ儘收入官吏ヘ交付シ現金拂込書ハ該金庫ニ留置クヘシ

第九條　金庫ハ出納官吏現金取扱規則第十七條ニ據リ收入官吏ヨリ監守證ニ送付書ヲ添ヘ受取タルトキハ之ヲ保存シ置キ追テ歲入金ヘ振換ヲナストキ該收入官吏ノ拂込ニ立テ別符付ノ領收證書ヲ調製シ該監守證ニ添ヘ受取人ヘ送付スヘシ其書式第一號ノ如シ

第十條　金庫ハ現金收入濟ノ徵稅令書、納付書、納入告知書、現金拂込書及監守證ノ送付書（第九條ノ拂込ニ立テタル分ノミ）ヲ各年度各主管廳及取扱廳每ニ區分シ一箇月分ヲ取纒メ帳簿上ノ收入額ニ對査シ第二號書式ノ合計書ヲ調製シ該徵稅令書、納付書、納入告知書、現金拂込書及監守證ノ送付書ニ添ヘ保存スヘシ但支金庫ニ於テ調製セシモノハ其證憑書ト共ニ本金庫ニ屬スル支金庫ニ在テハ其本金庫ヘ中央金庫ニ屬スル支金庫ニ在テハ中央金庫ヘ送付スヘシ

第三章　歳出部

第十一條　金庫ニ於テ會計主務官ヨリ仕拂命令官ノ案内仕拂命令ヲ得タルトキハ大藏大臣ノ仕拂命令達額ニ照査スヘシ

第十二條　左ノ塲合ニ於テ金庫ハ事由ヲ會計主務官ニ告ケ其案内仕拂命令ヲ返付スヘシ

第一　案内仕拂命令ノ式ニ違フトキ

第二　案内仕拂命令ノ汚損シテ其要部ヲ明ニ認メ難キトキ

第三　案内仕拂命令ノ金額大藏大臣ノ仕拂令達額ニ超過スルトキ

第十三條　各廳仕拂命令官ノ仕拂命令ヲ持參シ現金ノ仕拂ヲ請求スルモノアルトキハ金庫ハ第十一條ノ案内仕拂命令ニ對査シ其金額ヲ交付スヘシ但現金交付ノ際仕拂命令及案内仕拂命令ノ表面ニ年月日及現金交付濟ノ旨ヲ記入スヘシ

第十四條　仕拂命令ノ案内仕拂命令ニ符合セサルトキ若シクハ仕拂命令ノ汚損シテ案内仕拂命令ト照合シ難キトキ若シクハ案内仕拂命令ノ未タ到著セサルトキハ其事由ヲ仕拂命令持參人ニ告ケ金庫ハ仕拂命令ノ執行ヲ拒ムヘシ

第十五條　金庫ニ於テ會計主務官ヨリ其金庫所在地外ニテ仕拂ヲ要スヘキ裏書アル仕拂命令ノ送付ヲ受ケタルトキハ普通仕拂金ノ順序ニ據リ之ヲ拂出シ更ニ送金手形爲

替手形收入官吏ノ監守證若シクハ現金ヲ受取人ヘ送付シ規定ノ領收證書ヲ徴スヘシ
第十六條　會計主務官ヨリ集合仕拂命令ノ送付ヲ受ケタルトキ金庫ハ該案內仕拂命令ニ對査スヘシ
受取人ヨリ規定ノ領收證書ヲ持參シ現金ノ仕拂ヲ請求スルトキ金庫ハ該集合仕拂命令ニ添付シアル金額氏名表ニ對査シ其金額ヲ交付スヘシ但現金交付ノ際金額氏名表及領收證書ニ年月日現金交付濟ノ旨ヲ記入スヘシ
第十七條　金庫ハ大藏大臣ヨリ各省ノ定額戾入ノ令達ヲ受ケタルトキハ第二十五條ノ返納金ヲ以テ歲出額ヘ戾入ノ轉記ヲナスヘシ
第十八條　金庫ハ每年度ノ案內仕拂命令ニシテ翌年度八月三十一日迄ニ現金仕拂ノ請求ナキモノハ當該年度ノ仕拂未濟金トシテ大藏省ヘ報告シ之ヲ五箇年間繰越整理スヘシ
五箇年間ヲ經過シテ尙仕拂ノ請求ナキモノハ該案內仕拂命令ノ番號發行年月日年度金額等ヲ詳記シ大藏省ヘ報告シ其指揮ニ從ヒ歲入ニ組入ルヽ順序ヲナスヘシ
第十九條　金庫ハ現金交付濟ノ仕拂命令及案內仕拂命令現金前渡仕拂命令及現金前渡案內仕拂命令並ニ集合仕拂命令ノ內現金交付濟ニ係ル受取人ノ領收證書及大藏大臣ヨリ送付ヲ受ケタル各省ノ定額戾入令達書ヲ各年度各主管廳及各仕拂命令官每ニ區

分シ一箇月分ヲ取纏メ帳簿上ノ仕拂額及戻入額ニ對査シ第三號書式ノ合計書ヲ調製シ共ニ保存スヘシ但支金庫ニ於テ調製セシモノハ其證憑書ト共ニ本金庫ニ屬スル支金庫ニ在テハ其本金庫ヘ中央金庫ニ屬スル支金庫ニ在テハ中央金庫ヘ送付スヘシ集合仕拂命令及案内仕拂命令竝ニ之ニ屬スル金額氏名表ハ各月分ヲ漸次連綴シテ之ニ第四號書式ノ合計書ヲ添付シテ保存スヘシ

第四章　雜部

第二十條　雜部ヲ分チテ左ノ二種トス

第一　各廳主任官吏ノ職務上取扱フ所ノ現金ニシテ出納官吏現金取扱規則又ハ大藏大臣特別ノ命令ニ據リ金庫ニ於テ保管預リヲ爲スモノ

第二　仕拂命令官ノ返納告知書ヲ以テ納付スル現金ヲ金庫ニ於テ領收スルモノ

第二十一條　各廳主任官吏ヨリ雜部保管金ノ拂込アルトキ金庫ハ其現金ヲ領收シ第五號書式ノ保管證書ヲ調製シ之ヲ該官吏ヘ交付スヘシ

第二十二條　各廳主任官吏ヨリ案内引出切符ヲ得タルトキ金庫ハ該官吏ノ預リ金額ニ照査スヘシ

左ノ場合ニ於テハ事由ヲ各廳主任官吏ニ告ケ其案内引出切符ヲ返付スヘシ

第一　案内引出切符ノ式ニ違フトキ

第二　案内引出切符ノ汚損シテ其要部ヲ明ニ認メ難キトキ
第三　案内引出切符ノ金額該官吏ノ預リ金額ニ超過スルトキ
第二十三條　各廳主任官吏ヨリ發行セシ雜部引出切符ヲ以テ受取人ヨリ現金ノ仕拂ヲ請求スルトキ金庫ハ前條ノ案内引出切符ニ對査シ其金額ヲ交付スヘシ但現金交付ノ際引出切符及案内引出切符ノ表面ニ年月日及現金交付濟ノ旨ヲ記入スヘシ
大藏大臣ヨリ各廳主任官吏ノ印鑑下付ナキモノニシテ該官吏ヨリ預ケ金引戻ノ請求アルトキ金庫ハ曩ニ交付セシ保管證書ト引換ニ現金ヲ交付スヘシ
第二十四條　前條ノ引出切符該案内引出切符ニ符合セサルトキ若シクハ引出切符ノ汚損シテ案内引出切符ト照合シ難キトキ若クハ案内引出切符ノ未タ到着セサルトキ金庫ハ其事由ヲ引出切符持參人ニ告ケ仕拂ヲ拒ムヘシ
第二十五條　金庫ハ返納人ヨリ返納告知書ヲ添ヘ現金ノ納付ヲ受クルトキハ之ヲ領收シ該返納告知書ニ接續セル領收證書ヘ規定ノ如ク領收濟ノ年月日金庫名ヲ記入シ金庫及取扱主任者ノ印ヲ捺シ其領收證書ハ別符ト接續ノ儘返納人ヘ交付シ返納告知書ハ金庫ヘ留メ置クヘシ
第二十六條　金庫ハ毎年三月三十一日ニ於テ其年度中ニ各廳主任官吏ヨリ保管ノ爲メ預リタル金額ノ内ヨリ仕拂タル金額ヲ扣除シ其殘餘アルトキハ之ニ對シ更ニ保管証

書ヲ製シ同年度中ニ各廳主任ノ官吏ニ交付シタル保管證書ト引換フヘシ
第二十七條　金庫ハ保管證書ノ原符現金交付濟ノ引出切符及案內引出切符返納告知書ヲ各廳主任官吏及各仕拂命令官每ニ區分シ一箇月分ヲ取纒メ帳簿上ノ收支額ニ對査シ第六號書式ノ合計書ヲ調製シ共ニ保存スヘシ但支金庫ニ於テ調製セシモノハ其證憑書ト共ニ本金庫ニ屬スル支金庫ニ在テハ其本金庫ヘ中央金庫ニ屬スル支金庫ニ在テハ中央金庫ヘ送付スヘシ

第五章　現金運轉

第二十八條　金庫ニ於テ領收スル現金ハ其金庫ノ仕拂基金ニ充ツヘシ
第二十九條　金庫ノ現在金ハ大藏大臣ノ令達ニ依リ中央金庫ト各地本金庫間又ハ各地本金庫相互間ニ回送ヲナスヘシ
各地支金庫ノ現金ハ本金庫ニ屬スル支金庫ハ各其本金庫又中央金庫ニ屬スル支金庫ハ中央金庫ニ於テ該各支金庫ノ支拂基金ヲ殘シ其餘裕金ハ之ヲ隨時本金庫若シクハ中央金庫ヘ回送セシムヘシ
第三十條　金庫相互間回送金振換金ノ取扱順序ハ別ニ之ヲ定ム
第三十一條　金庫ニ於テ取扱フヘキ陸軍歸休兵豫備役後備軍軀員兵員臨時召集旅費及海軍艦船經費爲換拂等ノ順序ハ別ニ之ヲ定ム

第六章　帳簿

第一款　中央金庫

第三十二條　中央金庫ハ左ノ帳簿ヲ備ヘ現金ノ出納ヲ登記スヘシ
第一　現金出納日記簿
第二　現金出納原簿
第三　各地本金庫內譯簿
第四　各地本金庫收支金報告額差引簿
第五　各金庫歲入各廳內譯簿
第六　各金庫歲出各廳內譯簿
第七　各金庫歲出仕拂未濟繰越金內譯簿
第八　各金庫雜部金內譯簿
第九　中央金庫現金種類別簿
第十　中央金庫回送金內譯簿
第十一　中央金庫雜部保管金案內引出切符差引簿
第十二　中央金庫振換金受入內譯簿
第三十三條　現金出納日記簿ハ算計報告若クハ各證憑書ニ據リ之ヲ原簿計算科目每ニ

複記式ヲ以テ登記スヘシ其書式第七號ノ如シ
中央金庫ニ屬スル支金庫ノ收支ハ其報告表ノ中央金庫ヘ到着シタル日ニ於テ之レヲ登記シ該支金庫ニ於テ實際收支シタル日ヲ附記スヘシ
第三十四條　現金出納原簿ハ現金出納日記簿ヨリ轉記スヘシ其書式第八號ノ如シ
原簿計算科目ハ別ニ之ヲ定ム
第三十五條　各地本金庫内譯簿ハ各本金庫ヲ區分シ本金庫ヨリ送付スル收支金報告表竝回送及振換拂報告表ニ據リ其收支ノ金額ヲ登記スヘシ其書式第九號ノ如シ但金貨及壹分銀アルトキハ特ニ其種類ヲ區分スヘシ
第三十六條　各地本金庫收支金報告額差引簿ハ各年度歳入歳出毎ニ之ヲ設ケ各本金庫ヲ區分シ各本金庫ヨリ送付スル所ノ收支金報告表ニ據リ（各廳區分セス）登記シ追テ乙號歳入歳出月計對照表（各廳區分ノ證明書ナリ）ヲ受ケタルトキ之レヲ控除シ其殘額ヲ掲クヘシ其書式第十號ノ如シ
第三十七條　各金庫歳入各廳内譯簿ハ各年度毎ニ之ヲ設ケ中央金庫及之レニ屬スル支金庫竝ニ各本金庫ヲ區分シ各主管廳及取扱廳毎ニ細別シ中央金庫及之レニ屬スル支庫金ニ於テ收入スルモノハ尚收入官吏ヲ區分シ中央金庫ニ係ルモノハ各證憑書中央金庫ニ屬スル支金庫ニ係ルモノハ該支金庫ヨリ送付スル歳入金各廳内譯表本金庫ニ

係ルモノハ本金庫ヨリ送付スル乙號歳入金月計對照表ニ據リ其收入額ヲ登記スヘシ

其書式第十一號ノ如シ

第三十八條　各金庫歳出各廳内譯簿ハ各年度毎ニ之ヲ設ケ中央金庫及之ニ屬スル支金庫竝ニ各本金庫ヲ區分シ尙主管廳及仕拂命令官毎ニ細別シ大藏大臣ヨリ下付セラレタル仕拂令達ニ據リ其令達額ヲ登記シ置キ中央金庫ニ係ルモノハ案内仕拂命令受領額ヲ登記シ追テ現金仕拂タルトキ現金交付濟ノ仕拂命令及第十六條ニ掲クル領收證書中央金庫ニ屬スル支金庫ニ係ルモノハ該支金庫ヨリ送付スル歳出金各廳内譯表本金庫ニ係ルモノハ本金庫ヨリ送付スル乙號歳出金月計對照表ニ據リ案内仕拂命令受領額及現金仕拂額ヲ登記スヘシ其書式第十二號ノ如シ

第十七條ニ據リ定額戻入アルトキハ中央金庫ニ係ルモノハ定額戻入令達書中央金庫ニ屬スル支金庫ニ係ルモノハ該支金庫ヨリ送付スル歳出金各廳内譯表本金庫ニ係ルモノハ本金庫ヨリ送付スル乙號歳出金月計對照表ニ據リ其金額ヲ朱書シテ案内仕拂命令受領額及現金仕拂額トモ控除スベシ

第三十九條　各金庫歳出仕拂未濟繰越金内譯簿ハ各年度毎ニ中央金庫及之ニ屬スル支金庫竝ニ各本金庫ヲ區分シ尙主管廳及仕拂命令官毎ニ細別シ第十八條ニ據リ繰越額ヲ登記シ追テ現金仕拂タルトキ中央金庫ニ係ルモノハ現金交付濟ノ仕拂命令及第十

六條ニ揭クル領收證書中央金庫ニ屬スル支金庫ニ係ルモノハ該支金庫ヨリ送付スル歳出仕拂未濟繰越金支出內譯表本金庫ニ係ルモノハ本金庫ヨリ送付スル歳出仕拂未濟繰越金支出月計對照表ニ據リ現金仕拂額ヲ登記スヘシ其書式第十三號ノ如シ

第四十條　各金庫雜部金內譯簿ハ中央金庫及之レニ屬スル支金庫並ニ各本金庫ヲ區分シ中央金庫及之ニ屬スル支金庫ニ於テ保管預リニセシモノハ各廳主任官吏每ニ又返納告知書ニ據リ領收セシモノハ各仕拂命令官每ニ又各本金庫ニ係ルモノハ其金庫每ニ其種類（保管預ケ返納受入ノ如シ）ヲ區分シ中央金庫ニ係ルモノハ各證憑書中央金庫ニ屬スル支金庫ニ係ルモノハ該支金庫ヨリ送付スル雜部金收支內譯表各本金庫ニ係ルモノハ本金庫ヨリ送付スル雜部金月計對照表ニ據リ之ヲ登記スヘシ其書式第十四號ノ如シ

各本金庫ヨリ收支金報告表ヲ得タルトキハ之ヲ種類未定ノ科目ニ登記シ追テ雜部金月計對照表ヲ得テ各其種類ヘ轉記スヘシ

第四十一條　中央金庫現金種類別簿ハ中央金庫及之ニ屬スル支金庫每ニ區分シ中央金庫ニ係ルモノハ各證憑書ニ據リ其收支金額ヲ集計登記シ又支金庫ニ係ルモノハ該支金庫ヨリ送付スル歳入金各廳內譯表歳出金各廳內譯表歳出支拂未濟繰越金支出內譯表及雜部金收支內譯表ニ據リ收支金額ヲ登記スヘシ其書式第十五號ノ如シ

第四十二條　中央金庫回送金內譯簿ハ中央金庫ヨリ各地本金庫ヘ回送スヘキ金額ヲ揭

クルモノニシテ即チ回送先金庫ヲ區分シ回送額ヲ登記シ置キ追テ回送先金庫ヨリ領收證書ヲ受ケタルトキ其金額ヲ登記スヘシ其書式第十六號ノ如シ

第四十三條　中央金庫雜部保管金案內引出切符差引簿ハ中央金庫及之ニ屬スル支金庫ヲ區分シ各廳主任官吏每ニ細別シ中央金庫ニ係ルモノハ各其案內引出切符ノ金額ヲ基トシテ登記シ置キ追テ現金仕拂タルトキ現金交付濟ノ引出切符ニ據リ每日其金額ヲ登記シ又中央金庫ニ屬スル支金庫ニ係ルモノハ該支金庫ヨリ送付スル雜部金收支內譯表ニ據リ每日其金額ヲ登記スヘシ其書式第十七號ノ如シ

第四十四條　中央金庫振換金受入內譯簿ハ各地本金庫ヲ區分シ其振換受入額ヲ登記シ置キ追テ本金庫ヨリ振換拂ノ報告ヲ受ケタルトキ其金額ヲ登記スヘシ（此振換拂ハ各地本金庫內譯簿ヘ登記スルト同時ニ登記ヲナスモノトス）其書式第十八號ノ如シ

第四十五條　現金出納日記簿、現金出納原簿、各地本金庫內譯簿、各金庫歲出仕拂未濟繰越金內譯簿、各金庫雜部金內譯簿、中央金庫雜部保管金案內引出切符差引簿、中央金庫現金種類別簿、中央金庫回送金內譯簿、中央金庫振換金受入內譯簿ハ各會計年度每ニ之ヲ改置シ各金庫歲入各廳內譯簿、各金庫歲出各廳內譯簿、各地本金庫收支金報告額差引簿ハ一會計年度ノ出納完結ニ至ル迄貫通シテ登記スヘシ

第二欵　本金庫

第四十六條　本金庫ハ左ノ帳簿ヲ備ヘ現金ノ出納ヲ登記スヘシ
第一　現金出納日記簿
第二　現金出納原簿
第三　歲入金各廳內譯簿
第四　歲出金仕拂令達差引簿
第五　歲出金各廳內譯簿
第六　歲出仕拂未濟繰越金內譯簿
第七　雜部金內譯簿
第八　雜部保管金案內引出切符差引簿
第九　現金種類別簿
第十　回送金內譯簿
第十一　收支金報告記入簿
第四十七條　現金出納日記簿ハ計算報告若クハ各證憑書ニ據リ之ヲ原簿計算科目每ニ複記式ヲ以テ登記スヘシ其書式第十九號ノ如シ
各地支金庫ノ收支ハ其報告表ノ本金庫ヘ到着シタル日ニ於テ之ヲ登記シ該支金庫ニ於テ實際收支シタル日ヲ附記スヘシ

第四十八條　現金出納原簿ハ現金出納日記簿ヨリ轉記スヘシ其書式第二十號ノ如シ原簿計算科目ハ別ニ之ヲ定ム

第四十九條　歳入金各廳内譯簿ハ各年度毎ニ之ヲ設置シ本金庫及支金庫ヲ區分シ各主管廳及取扱廳毎ニ收入官吏ヲ細別シ本金庫ニ係ルモノハ各證憑書支金庫ニ係ルモノハ支金庫ヨリ送付スル歳入金各廳内譯表ニ據リ毎日其金額ヲ登記スヘシ其書式第二十一號ノ如シ

第五十條　歳出金仕拂命令達差引簿ハ各年度毎ニ之ヲ設置シ本金庫及支金庫ヲ區分シ各主管廳及各仕拂命令官ヲ細別シ仕拂命令達額ヲ基トシテ登記シ置キ本金庫ニ係ルモノハ會計主務官ヨリ仕拂命令官ノ案内仕拂命令ヲ受領セシ都度其金額ヲ登記シ又支金庫ニ係ルモノハ支金庫ヨリ送付スル歳出金各廳内譯表ニ據リ毎日其金額ヲ登記スヘシ其書式第二十二號ノ如シ

第十七條ニ據リ定額戻入アルトキハ定額戻入令達書ニ據リ其金額ヲ朱書シテ案内仕拂命令額ヲ控除スヘシ

第五十一條　歳出金各廳内譯簿ハ各年度毎ニ之ヲ設置シ本金庫及支金庫ヲ區分シ各主管廳及各仕拂命令官ヲ細別シ本金庫ニ係ルモノハ歳出金仕拂命令達差引簿ヘ登記ヲ了セシ案内仕拂命令ノ金額ヲ基トシテ登記シ置キ追テ現金仕拂タルトキ現金交付濟ノ

仕拂命令及第十六條ニ掲クル領收證書ニ據リ毎日其歳出金額ヲ登記シ又支金庫ニ係ルモノハ支金庫ヨリ送付スル歳出金各廳内譯表ニ據リ毎日其金額ヲ登記スヘシ其書式第二十三號ノ如シ

第十七條ニ據リ定額戻入アルトキ本金庫ニ係ルモノハ定額戻入令達書支金庫ニ係ルモノハ支金庫ヨリ送付スル歳出金各廳内譯表ニ據リ其金額ヲ朱書シテ案内仕拂命令額及仕拂濟ノ歳出額ヲ控除スヘシ

第五十二條　歳出仕拂未濟繰越金内譯簿ハ各年度毎ニ本金庫及支金庫ヲ區分シ各主管廳及各仕拂命令官ヲ細別シ第十八條ニ據リ繰越額ヲ登記シ置キ追テ現金仕拂タルトキ本金庫ニ係ルモノハ現金交付濟ノ仕拂命令及第十六條ニ掲クル領收證書ニ據リ毎日其支出額ヲ登記シ又支金庫ニ係ルモノハ支金庫ヨリ送付スル歳出仕拂未濟繰越金支出内譯表ニ據リ毎日其金額ヲ登記スヘシ其書式第二十四號ノ如シ

第五十三條　雜部金内譯簿ハ本金庫及支金庫ヲ區分シ保管預リニセシモノハ各廳主任官吏毎ニ又返納告知書ニ據リ領收セシモノハ各仕拂命令官毎ニ細別シ本金庫ニ係ルモノハ各證憑書ニ據リ毎日其金額ヲ登記シ支金庫ニ係ルモノハ雜部金收支内譯表ニ據リ毎日其金額ヲ登記スヘシ其書式第二十五號ノ如シ

第五十四條　雜部保管金案内引出切符差引簿ハ本金庫及支金庫ヲ區分シ各廳主任官吏

每ニ細別シ本金庫ニ係ルモノハ其案内引出切符ヲ基トシテ登記シ置キ追テ現金仕拂タルトキ現金交付濟ノ引出切符ニ據リ毎日其金額ヲ登記シ又支金庫ニ係ルモノハ雜部金收支內譯表ニ據リ毎日其金額ヲ登記スヘシ其書式第二十六號ノ如シ

第五十五條　現金種類別簿ハ本金庫及支金庫毎ニ區分シ本金庫ニ係ルモノハ各證憑書ニ據リ其收支金額ヲ集計登記シ又支金庫ニ係ルモノハ歲入金各廳內譯表歲出金各廳內譯表歲出仕拂未濟繰越金支出內譯表及雜部金收支內譯表ニ據リ收支金額ヲ登記スヘシ其書式第二十七號ノ如シ

第五十六條　回送金內譯簿ハ回送先金庫ヲ區分シテ回送金額ヲ登記シ追テ回送先金庫ヨリ領收證書ヲ受ケタルトキ其金額ヲ登記スヘシ其書式第二十八號ノ如シ

第五十七條　收支金報告記入簿ハ各年度及雜部ヲ區分シ各證憑書及支金庫ヨリ送付スル歲入金各廳內譯表歲出金各廳內譯表歲出仕拂未濟繰越金支出內譯表及雜部金收支內譯表ニ據リ毎日其金額ヲ集計登記スヘシ其書式第二十九號ノ如シ

第五十八條　現金出納日記簿、現金出納原簿、歲出仕拂未濟繰越金內譯簿、雜部金內譯簿、雜部保管金案內引出切符差引簿、現金種類別簿、回送金內譯簿、收支金報告記入簿ハ各會計年度毎ニ之ヲ改置シ歲入金各廳內譯簿、歲出金仕拂令達差引簿、歲出金各廳內譯簿ハ一會計年度ノ出納完結ニ至ル迄貫通シテ登記スヘシ

第三款　支金庫

第五十九條　支金庫ハ左ノ帳簿ヲ備ヘ現金ノ出納ヲ登記スヘシ
第一　現金受拂簿
第二　歳入金各廳內譯簿
第三　歳出金仕拂令達差引簿
第四　歳出金各廳內譯簿
第五　歳出仕拂未濟繰越金內譯簿
第六　雜部金內譯簿
第七　雜部保管金案內引出切符差引簿
第六十條　現金受拂簿ハ各證憑書ニ據リ其金額事由ヲ登記スヘシ其書式第三十號ノ如シ
第六十一條　歳入金各廳內譯簿ハ各年度每ニ之ヲ設置シ各主管廳及取扱廳每ニ收入官吏ヲ區分シ各證憑書ニ據リ每日其金額ヲ登記スヘシ其書式第二十一號ニ準ス
第六十二條　歳出金仕拂令達差引簿ハ各年度每ニ之ヲ設置シ各主管廳及各仕拂命令官ヲ區分シ仕拂令達額ヲ基トシテ登記シ置キ會計主務官ヨリ仕拂命令官ノ案內仕拂命令ヲ受領セシ都度其金額ヲ登記スヘシ其書式第二十二號ニ準ス

第十七條ニ據リ定額戻入アルトキハ定額戻入令達書ニ據リ其金額ヲ朱書シテ案內仕拂命令額ヲ加除スヘシ

第六十三條　歲出金各廳內譯簿ハ各年度每ニ之レヲ設置シ各主管廳及各仕拂命令官ヲ區分シ歲出金仕拂令達差引簿ヘ登記ヲ了セシ案內仕拂命令ノ金額ヲ基トシテ登記シ置キ追テ現金仕拂タルトキ現金交付濟ノ仕拂命令及第十六條ニ揭クル領收證書ニ據リ每日其歲出額ヲ登記スヘシ其書式第二十三號ニ準ス

第十七條ニ據リ定額戻入アルトキハ定額戻入令達書ニ據リ其金額ヲ朱書シテ案內仕拂命令額及仕拂濟ノ歲出額ヲ扣除スヘシ

第六十四條　歲出仕拂未濟繰越金內譯簿ハ各年度每ニ各主管廳及各仕拂命令官ヲ區分シ第十八條ニ據リ繰越額ヲ登記シ置キ追テ現金仕拂タルトキ現金交付濟ノ仕拂命令及第十六條ニ揭クル領收證書ニ據リ每日其支出額ヲ登記スヘシ其書式第二十四號ニ準ス

第六十五條　雜部金內譯簿ハ保管預リニセシモノハ各廳主任官吏每ニ又返納告知書ニ據リ領收セシモノハ各仕拂命令官每ニ區分シ各證憑書ニ據リ每日其金額ヲ登記スヘシ其書式第二十五號ニ準ス

第六十六條　雜部保管金案內引出切符差引簿ハ各廳主任官吏每ニ區分シ各其案內引出

切符ノ金額ヲ基トシテ登記シ置キ追テ現金仕拂タルトキ現金交付濟ノ引出切符ニ據リ每日其金額ヲ登記スヘシ其書式第二十六號ニ準ス

第六十七條　現金受拂簿、歲出仕拂未濟繰越金內譯簿、雜部金內譯簿、雜部保管金案內引出切符差引簿ハ各會計年度每ニ之ヲ改置シ歲入金各廳內譯簿、歲出金仕拂令達差引簿、歲出金各廳內譯簿ハ一會計年度ノ出納完結ニ至ル迄貫通シテ登記スヘシ

第七章　計算報告

第一款　中央金庫

第六十八條　中央金庫ニ於テハ第三十二條ノ諸帳簿ニ據リ左ノ計算報告表ヲ調製スヘシ

第一　稅金領收日計表
第二　歲入金月計對照表
第三　歲入金每月計算表
第四　歲出金月計對照表
第五　歲出金每月計算表
第六　歲出仕拂未濟繰越金支出月計對照表
第七　歲出仕拂未濟繰越金支出每月計算表

第八　雜部金月計對照表

第九　雜部金毎月計算表

第十　現金受拂差引表

第十一　回送及振換受拂報告表

第十二　收支金報告表

第十三　現金出納原簿計算表

第六十九條　税金領收日計表ハ各金庫歳入各廳內譯簿ニ據リ中央金庫ニ於テ直接ニ領收セシ金額ヲ掲ケ毎日調製シ收入官吏ヘ報告スヘシ其書式第三十一號ノ如シ

第七十條　歳入金月計對照表ハ甲乙二葉トシ各金庫歳入各廳內譯簿ニ據リ中央金庫ニ於テ直接ニ領收セシ金額ヲ掲ケ毎月調製シ（其月中實際收入セシモノヲ掲ク）翌月五日迄ニ收入官吏ヘ送付スヘシ其書式第三十三號ノ如シ

前項ノ乙號表ハ當該官吏ノ證明ヲ受ケ還付ヲ請フヘシ

第七十一條　歳入金毎月計算表ハ現金出納原簿及各金庫歳入各廳內譯簿ニ據リ毎月調製シ各廳收入官吏ヨリ還付ヲ受タル乙號歳入金月計對照表（本文對照表ハ中央金庫直接ノ分ト中央金庫ニ屬スル支金庫分トモ毎月出納內譯書ニ對照ノ後）及各地本金庫ヨリ送付セル乙號歳入金月計對照表ヲ添付シ翌月十日迄ニ大藏省ヘ差出スヘシ其書式第三十三號ノ如シ

第七十二條　歳出金月計對照表ハ甲乙二葉トシ各金庫歳出各廳內譯簿ニ據リ中央金庫ニ於テ直接ニ支出セシ金額ヲ揭ケ每月調製シ（帳簿登記ノ日付ニ拘ハラス案內仕拂命令受領額ハ該命令ニ記載スル月ノ區分ニ據リ之ヲ揭ケ仕拂高ハ實際該月中ニ中央金庫ニ於テ支出セシモノヲ揭ク）現金交付濟ノ仕拂命令（集合仕拂命令ヲ除ク）及第十六條ノ受取人領收證書ヲ添ヘ翌月五日迄ニ會計主務官ヘ送付スヘシ其書式第三十四號ノ如シ

前項ノ乙號表ハ當該官吏ノ證明ヲ受ケ仕拂濟ノ仕拂命令及受取人領收證書ト共ニ還付ヲ請フヘシ

第七十三條　歳出金每月計算表ハ現金出納原簿及各金庫歳出各廳內譯簿ニ據リ每月調製シ會計主務官ヨリ還付ヲ受ケタル乙號歳出金月計對照表（本文對照表ハ中央金庫直接ノ分ト中央金庫ニ屬スル支金庫ノ分トモ每月出納內譯書ニ對照ノ後チ）及各地本金庫ヨリ送付セル乙號歳出金月計對照表ヲ添付シ翌月十日迄ニ大藏省ヘ差出スヘシ其書式第三十五號ノ如シ

第七十四條　歳出仕拂未濟繰越金支出月計對照表ハ各金庫歳出仕拂未濟繰越金內譯簿ニ據リ中央金庫ニ於テ直接ニ支出セシ金額ヲ揭ケ每月調製シ（其月中ニ實際支出セシモノヲ除ク）現金交付濟ノ仕拂命令（集合仕拂命令ヲ除ク）及第十六條ノ受取人領收證書ヲ添ヘ翌月五日迄ニ會計主務官ヘ送付スヘシ其書式第三十六號ノ如シ

前項ノ月計對照表ハ當該官吏ノ證明ヲ受ケ仕拂濟ノ仕拂命令及受取人領收證書ト共

ニ還付ヲ請フヘシ

第七十五條　歳出仕拂未濟繰越金支出毎月計算表ハ現金出納原簿及各金庫歳出仕拂未濟繰越金内譯簿ニ據リ毎月調製シ會計主務官ヨリ還付ヲ受ケタル歳出仕拂未濟繰越金支出月計對照表（本文對照表ハ中央金庫直接ノ分ト中央金庫ニ屬スル支金庫ノ分トモ毎月出納内譯書ニ對照ノ後）及各地本金庫ヨリ送付セル歳出仕拂未濟繰越金支出月計對照表ヲ添付シ翌月十日迄ニ大藏省ヘ差出スヘシ其書式第三十七號ノ如シ

第七十六條　雜部金月計對照表ハ雜部金内譯簿及雜部保管金案内引出切符差引簿ニ據リ中央金庫ニ於テ直接ニ收支セシ金額ヲ揭ケ毎月調製シ（歳入及歳出金月計對照ノ摘註ニ同シ）現金交付濟ノ引出切符及第二十五條返納告知書ヲ添ヘ翌月五日迄ニ各廳主任ノ官吏若クハ仕拂命令官ヘ送付スヘシ其書式第三十八號ノ如シ

前項ノ月計對照表ハ當該官吏ノ證明ヲ受ケ仕拂濟引出切符及返納告知書ト共ニ還付ヲ請フヘシ

第七十七條　雜部金毎月計算表ハ現金出納原簿及各金庫雜部金内譯簿ニ據リ毎月調製シ各廳主任官吏若シクハ仕拂命令官ヨリ還付ヲ受ケタル雜部金月計對照表（本文對照表ハ中央金庫直接ノ分ト中央金庫ニ屬スル支金庫ノ分トモ毎月出納内譯書ニ對照ノ後）及各地本金庫ヨリ送付セル雜部金月計對照表ヲ添付シ翌月十日迄ニ大藏省ヘ差出スヘシ其書式第三十九號ノ如シ

第七十八條　現金受拂差引表ハ現金種類別簿及各地本金庫內譯簿ニ據リ毎月調製シ翌月十日迄ニ大藏省ヘ差出スヘシ其書式第四十號ノ如シ

第七十九條　回送及振換受拂報告表ハ中央金庫現金種類別簿中央金庫回送金內譯簿中央金庫振換金受入內譯簿及各地本金庫內譯簿ニ據リ毎日調製シ翌日大藏省ヘ差出スヘシ其書式第四十一號ノ如シ

第八十條　收支金報告表ハ現金出納原簿中央金庫現金種類別簿及各地本金庫內譯簿ニ據リ毎日調製シ翌日大藏省ヘ差出スヘシ其書式第四十二號ノ如シ

第八十一條　現金出納原簿計算表ハ現金出納原簿ニ據リ毎日調製シ翌日大藏省ヘ差出スヘシ其書式第四十三號ノ如シ

第二欵　本金庫

第八十二條　本金庫ニ於テハ第四十六條ノ諸帳簿ニ據リ左ノ計算報告表ヲ調製スヘシ

第一　稅金領收日計表
第二　歲入金月計對照表
第三　歲入金毎月計算表
第四　歲出金月計對照表
第五　歲出金毎月計算表

第六　歳出仕拂未濟繰越金支出月計對照表
第七　歳出仕拂未濟繰越金支出毎月計算表
第八　雜部金月計對照表
第九　雜部金毎月計算表
第十　現金受拂差引表
第十一　回送及振換拂報告表
第十二　收支金報告表

第八十三條　稅金領收日計表ハ歳入金各廳內譯簿ニ據リ毎日之ヲ調製シ收入官吏ヘ報告スヘシ其書式第三十一號ニ同シ

第八十四條　歳入金月計對照表ハ甲乙二葉トシ歳入金各廳內譯簿ニ據リ毎月之レヲ調製シ（其月中ニ實際收入セシモノヲ揭ク）翌月五日迄ニ收入官吏ヘ送付スヘシ其書式第三十二號ニ同シ

前項ノ乙號表ハ各當該官吏ノ證明ヲ受ケ還付ヲ請フヘシ

第八十五條　歳入金毎月計算表ハ現金出納原簿及歳入金各廳內譯簿ニ據リ毎月調製シ收入官吏ヨリ還付ヲ受ケタル乙號歳入金月計對照表ヲ（毎月出納內譯書ニ對照ノ後）添ヘ翌月十五日迄ニ之ヲ中央金庫ヘ差出スヘシ其書式第四十四號ノ如シ

第八十六條　歳出金月計對照表ハ甲乙二葉トシ歳出金各廳內譯簿ニ據リ毎月之レヲ調製シ（帳簿登記ノ日付ニ拘ハラス案內支拂命令受領額ハ該命令ニ記載スル月ノ區分ニ據リ之ヲ掲ケ仕拂高ハ實際該月中ニ本金庫ニ於テ支出セシモノヲ掲ク）現金交付濟ノ仕拂命令（集合仕拂命令ヲ除ク）及第十六條ノ受取人領收證書ヲ添ヘ翌月五日迄ニ會計主務官ヘ送付スヘシ其書式第三十四號ニ同シ

前項ノ乙號表ハ當該官吏ノ證明ヲ受ケ仕拂濟ノ仕拂命令及受取人ノ領收證書ト共ニ還付ヲ請フヘシ

第八十七條　歳出金毎月計算表ハ現金出納原簿及歳出金各廳內譯簿ニ依リ毎月調製シ會計主務官ヨリ還付ヲ受ケタル乙號歳出金月計對照表ヲ（毎月出納內譯書ニ對照ノ後）添ヘ翌月十五日迄ニ之レヲ中央金庫ヘ差出スヘシ其書式第四十五號ノ如シ

第八十八條　歳出仕拂未濟繰越金支出月計對照表ハ歳出支拂未濟繰越金內譯簿ニ據リ毎日之レヲ調製シ（其月中ニ實際支出セシモノヲ掲ク）現金交付濟ノ仕拂命令（集合仕拂命令ヲ除ク）及第十六條ノ受取人領收證書ヲ添ヘ翌月五日迄ニ會計主務官ヘ送付スヘシ其書式第三十六號ニ同シ

前項ノ月計對照表ハ當該官吏ノ證明ヲ受ケ仕拂濟ノ仕拂命令及受取人ノ領收證書ト共ニ還付ヲ請フヘシ

第八十九條　歳出仕拂未濟繰越金支出毎月計算表ハ現金出納原簿及歳出仕拂未濟繰越

金內譯簿ニ據リ毎月調製シ會計主務官ヨリ還付ヲ受ケタル歲出仕拂未濟繰越金支出月計對照表ヲ(毎月出納內譯書ニ對照ノ後)添ヘ翌月十五日迄ニ之レヲ中央金庫ヘ差出スヘシ其書式第四十六號ノ如シ

第九十條　雜部金月計對照表ハ雜部金內譯簿及雜部保管金案內引出切符差引簿ニ據リ每月之レヲ調製シ(歲入及歲出月計對照表ノ揷註ニ同シ)現金交付濟ノ引出切符及第二十五條ノ返納告知書ヲ添ヘ翌月五日迄ニ各廳主任ノ官吏及仕拂命令官ヘ送付スヘシ其書式第三十八號ニ同シ

前項ノ月計對照表ハ當該官吏ノ證明ヲ受ケ現金交付濟引出切符及返納告知書ト共ニ還付ヲ請フヘシ

第九十一條　雜部金每月計算表ハ現金出納原簿及雜部金內譯簿ニ據リ每月調製シ各廳主任官吏及仕拂命令官ヨリ還付ヲ受ケタル雜部金月計對照表ヲ(毎月出納內譯書ニ對照ノ後)添ヘ翌月十五日迄ニ之レヲ中央金庫ヘ差出スヘシ其書式第四十七號ノ如シ

第九十二條　現金受拂差引表ハ現金種類別簿及回送金內譯簿ニ據リ每月調製シ翌月十日迄ニ之レヲ中央金庫ヘ差出スヘシ其書式第四十八號ノ如シ

第九十三條　回送及振換拂報告表ハ現金出納原簿ニ據リ每五十ノ日調製シ其翌日之レヲ中央金庫ヘ差出スヘシ其書式第四十九號ノ如シ

第九十四條　收支金報告表ハ現金出納原簿及收支金報告記入簿ニ據リ每五十ノ日調製シ其翌日之レヲ中央金庫ヘ差出スヘシ其書式第五十號ノ如シ
第九十五條　本金庫ニ於テハ每日現金出納原簿計算表ヲ調製シ備置クヘシ其書式第五十一號ノ如シ

第三款　支金庫

第九十六條　支金庫ニ於テハ第五十九條ノ帳簿ニ據リ左ノ計算報告表ヲ調製スヘシ
第一　稅金領收日計表
第二　歲入金月計對照表
第三　歲出金月計對照表
第四　歲出支拂未濟繰越金支出月計對照表
第五　歲入金各廳內譯表
第六　歲出金各廳內譯表
第七　歲出仕拂未濟繰越金支出內譯表
第八　雜部金收支內譯表
第九　雜部金月計對照表
第九十七條　支金庫ニ於テ稅金領收日計表歲入金月計對照表歲出金月計對照表歲出仕

拂未濟繰越金支出月計對照表及雜部金月計對照表ヲ調製スル手續等ハ第八十三條第八十四條第八十六條第八十八條及第九十條ニ同シ但本條ノ乙號月計對照表ノ還付ヲ受ケタルトキハ本金庫ニ屬スル支金庫ハ其本金庫ヘ中央金庫ニ屬スル支金庫ハ中央金庫ヘ直ニ送付スヘシ

第九十八條　支金庫ハ歳入金各廳内譯簿ニ據リ毎日歳入金各廳内譯表ヲ調製シ本金庫ニ屬スル支金庫ニ在テハ其本金庫ヘ中央金庫ニ屬スル支金庫ニ在テハ中央金庫ヘ送付スヘシ其書式第五十二號ノ如シ

第九十九條　支金庫ハ歳出金各廳内譯簿ニ據リ毎日歳出金各廳内譯表ヲ調製シ（案内仕拂命令ハ實際翌月ニ至リ金庫ヘ受領スルモ其命令ヲ發シタルハ前月ノ日付ナルトキハ之ヲ前月ノ追加トシテ報告スヘシ尤現金仕拂ハ實際仕拂フタル月ニ組入ルヽハ勿論ナリ）本金庫ニ屬スル支金庫ニ在テハ其本金庫ヘ中央金庫ニ屬スル支金庫ニ在テハ中央金庫ヘ送付スヘシ其書式第五十三號ノ如シ

第百條　支金庫ハ歳出仕拂未濟繰越金内譯簿ニ據リ毎日歳出仕拂未濟繰越金支出内譯表ヲ調製シ本金庫ニ屬スル支金庫ニ在テハ其本金庫ヘ中央金庫ニ屬スル支金庫ニ在テハ中央金庫ヘ送付スヘシ其書式第五十四號ノ如シ

第百一條　支金庫ハ雜部金内譯簿ニ據リ毎日雜部金收支内譯表ヲ調製シ本金庫ニ屬スル支金庫ニ在テハ其本金庫ヘ中央金庫ニ屬スル支金庫ニ在テハ中央金庫ヘ送付スヘ

シ其書式第五十五號ノ如シ

第八章　決算整理

第一款　中央金庫

第百二條　中央金庫ハ出納ノ計算ヲ證明スル爲メ左ノ計算書ヲ調製スヘシ
第一　每年度出納計算書
第二　各地金庫每月出納內譯書
第三　各地金庫每月末現金殘高內譯表

第百三條　每年度出納計算書中受拂ノ部ハ現金出納原簿、各金庫歲入各廳內譯簿、各金庫歲出各廳內譯簿、各金庫歲出仕拂未濟繰越金內譯簿、各金庫雜部金內譯簿、中央金庫回送金內譯簿、中央金庫振換金受入內譯簿ニ據リ調製シ每月送付スル所ノ各金庫每月出納內譯書ノ合計額ト對照シ又各地金庫每年度末差引殘現在金內譯ノ部ハ（每年度三月三十一日各金庫實際ノ殘高）中央金庫現金種類別簿中央金庫ニ屬スル支金庫ヨリ送付スル現金殘高表及ヒ各地本金庫內譯簿竝ニ各地本金庫ヨリ送付スル其本支金庫現金殘高內譯表ニ據リ調製シ之ヲ現金出納原簿ニ對照シ各證憑書類ヲ添ヘ會計檢査院ヘ提出ノ爲メ翌年度七月三十一日迄ニ大藏省ヘ發送スヘシ其書式第五十六號ノ如シ

前項出納計算書ニハ各金庫檢査員ノ檢定書ヲ取纏メ添付スヘシ

金庫出納役毎年度ノ出納計算書ニハ各金庫ニ於テ其年ノ四月一日ヨリ翌年三月三十一日迄ニ實際出納セシ金額ヲ掲クヘシ（譬ヘハ中央金庫ニ於テ現金出納原簿ヘ登記セシハ翌年四月一日以降ト雖モ實際各地本支金庫ニ於テ三月三十一日以前ニ出納セシモノハ即チ其出納セシ年度ノ計算ニ組入ルヘシ）

第百四條　各地金庫毎月出納內譯書ハ中央金庫各本金庫毎ニ區分調製スヘシ

中央金庫毎月出納內譯書ハ中央金庫及之ニ屬スル支金庫ニ於テ一箇月中ニ出納セシモノヲ現金出納原簿、各金庫歲入各廳內譯簿（帳簿登記ノ日附ニ拘ラス實際該月中ニ中央金庫及之ニ屬スル支金庫ニ於テ收入セシモノヲ揭ク）各金庫歲出各廳內譯簿（帳簿登記ノ日附ニ拘ハラス案內仕拂命令受領額ハ該命令ニ記載スル月ノ區分ニ據リ之ヲ揭ケ仕拂高ハ實際該月中ニ中央金庫及之ニ屬スル支金庫ニ於テ支出セシモノヲ揭ク）各金庫歲出仕拂未濟繰越金內譯簿各金庫雜部金內譯簿（歲入及歲出各廳內譯簿ノ揷註ニ同シ）中央金庫現金種類別簿中央金庫回送金內譯簿中央金庫振換金受入內譯簿ニ據リ之ヲ調製シ各廳證明濟ノ月計對照表ト對照シ會計檢查院ヘ提出ノ爲メ翌月十五日迄ニ大藏省ヘ發送スヘシ其書式第五十七號ノ如シ

各本金庫毎月出納內譯書ハ各本金庫ヨリ中央金庫ヘ送付セル各本金庫毎月出納內譯書ヲ中央金庫ノ各帳簿ニ對照シ金庫出納役之ニ署名捺印シ直ニ會計檢查院ヘ提出ノ爲メ大藏省ヘ發送スヘシ

第百五條　各金庫毎月末現金殘高內譯表ハ第百三條出納計算書中各地金庫毎年度末差引殘現在金內譯ノ部調製方ニ準シ毎月之ヲ調製シ現金出納原簿竝ニ中央金庫ニ屬ス

ル支金庫及各本金庫ヨリ送付セシ毎月末現金殘高内譯表ニ對照シ共ニ中央金庫ヘ備ヘ置クヘシ

第二欵　本金庫

第百六條　各本金庫ハ出納計算證明ノ用ニ供スル爲メ左ノ計算書ヲ調製スヘシ

第一　本金庫毎月出納内譯書

第二　本金庫毎月末現金殘高内譯表

第百七條　本金庫毎月出納内譯書ハ各其本金庫及之ニ屬スル支金庫ニ於テ一箇月中ニ出納セシモノヲ現金出納原簿、歳入金各廳内譯簿、（帳簿登記ノ日ニ拘ラス實際該月中ニ本金庫及支金庫ニ於テ收入セシモノヲ掲ク）歳出金各廳内譯簿、（帳簿登記ノ日附ニ拘ハラス案内仕拂命令受領額ハ該命令ニ記載スル月ノ區分ニ據リ之ヲ掲ケ仕拂高ハ實際該月中ニ本金庫及之ニ屬スル支金庫ニ於テ支出セシモノヲ掲ク）歳出支拂未濟繰越金内譯簿、雜部金内譯簿、（歳入及歳出各廳内譯簿ノ摘註ニ同シ）回送金内譯簿ニ據リ之ヲ調製シ支金庫ヨリ送付セル支金庫毎月出納内譯書及各廳證明濟月計對照表ニ對照シ翌月十五日迄ニ中央金庫ヘ送付スヘシ其書式第五十七號ニ同シ

毎年三月ノ出納内譯書ニハ各本金庫及之ニ屬スル支金庫檢査員ノ檢定書ヲ取纏メ添付スヘシ

第百八條　本金庫毎月末現金殘高内譯表ハ現金種類別簿及支金庫ヨリ送付スル現金殘

高表ニ據リ調製シ之ヲ現金出納原簿ト對照シ本金庫毎月出納內譯書ニ添付シテ中央金庫へ送付スヘシ其書式第百三條出納計算書中各地金庫毎年度末差引殘現在金內譯ノ部調製方ニ準ス

第百九條　支金庫ヨリ送付スル支金庫毎月出納內譯書支金庫毎月末現金殘高表ハ各帳簿ト對照シ各其本金庫ニ備へ置クヘシ

第三款　支金庫

第百十條　各支金庫ハ出納計算證明ノ用ニ供スル爲メ左ノ計算書ヲ調製スヘシ

第一　支金庫毎月出納內譯書

第二　支金庫毎月末現金殘高表

第百十一條　支金庫毎月出納內譯書ハ現金受拂簿歲入金各廳內譯簿（實際其月中ニ收入セシモノヲ揭ク）歲出金各廳內譯簿（案內仕拂命令受領額ハ帳簿登記ノ日附ニ拘ハラス該命令ニ記載スル月ノ區分ニ依リ之ヲ揭ケ仕拂高ハ實際該月中ニ支出セシモノヲ揭ク）歲出金仕拂未濟繰越金內譯簿雜部金內譯簿（歲入及歲出各廳內譯簿ノ揷註ニ同シ）ニ據リ之ヲ調製シ翌月十日迄ニ本金庫ニ屬スル支金庫ニ在テハ其本金庫へ中央金庫ニ屬スル支金庫ニ在テハ中央金庫へ送付スヘシ其書式第五十七號ニ準ス

每年三月ノ出納內譯書ニハ金庫檢査員ノ檢定書ヲ添付スヘシ

第百十二條　支金庫毎月末現金殘高表ハ現金受拂簿ニ據リ之ヲ調製シ現金ト對照シ翌

月十日迄ニ本金庫ニ屬スル支金庫ニ在テハ其本金庫ヘ中央金庫ニ屬スル支金庫ニ在テハ中央金庫ヘ送付スヘシ其書式第百三條出納計算書中各地金庫毎年度末差引殘現在金內譯ノ部調製方ニ準ス

○

金庫ノ月計對照表取扱方（大藏省訓令第七十四號 明治廿二年十二月廿一日）

明治二十二年十二月大藏省訓令第七十二號金庫出納事務規程ニ依リ金庫ヨリ歲入金歲出金及雜部金月計對照表甲乙二葉竝ニ各證憑書ノ送付ヲ受ケタルトキハ之レヲ調査シ相違ナキモノハ甲號表ヲ留メ置キ乙號表ニ式ノ如ク證明シ若シ相違アルモノハ其理由ヲ示シ（相違アルモノハ月計對照表甲乙二葉共返付）三日以內ニ金庫ヨリ送付セシ各證憑書共ニ金庫ヘ返付スヘシ

出納官吏

○

金庫出納證明規程（大藏省訓令第七十一號 明治廿二年十二月二十日）

金庫出納役

金庫出納證明規程左ノ通リ規定明治二十三年度ヨリ施行ノ旨會計檢査院ヨリ通知有之候ニ付此旨相心得ヘシ

金庫出納證明規程

第一條　會計規則第百十一條ニヨリ金庫出納役ノ證明スヘキ出納計算書ハ別紙第一號書式ニ依リ之ヲ調製スヘシ

第二條　出納計算書ハ大藏省主任ノ局長ニ於テ國庫原簿及金庫ヲ檢査シタル官吏ノ提出セシ各金庫檢査報告書ニ照シ其計數及現存額ノ正確ナルヲ保證シ各金庫檢査報告書ヲ添ヘ之ヲ送付スヘシ

第三條　出納計算書ノ證憑書類トシテ提出スヘキモノハ左ノ如シ

第一　歳入歳出及雜部ノ出納ニハ月計對照表

第二　大藏省證劵代リ金ノ受入ニハ納額告知書其償還金仕拂ニハ仕拂命令書

第三　各年度仕拂未濟繰越金ニシテ債主ヘ交付高ニハ仕拂命令書期滿免除ニ依リ國庫ヘ納付高ニハ案内仕拂命令書及大藏大臣ノ命令書

第四條　前條證憑書類ハ毎月之ヲ整理シ第二號書式ニ依リ各金庫毎月出納内譯書ヲ調製シ證憑書類ト共ニ會計檢査院ヘ提出ノ爲メ毎月十五日迄ニ大藏省ヘ發送シ大藏省ハ其月末迄ニ之ヲ會計檢査院ヘ送付スルモノトス

但運輸不便土地遠隔ノ爲メ本條期限ニ依リ難キモノハ別ニ之ヲ定ム

第五條　證憑書類中檢査結了ノ上返付ヲ要スルモノハ其件名ヲ出納計算書ニ附記スヘシ

第六條　金庫出納役ニ對スル審理書及其答辨書ハ總テ大藏省ヲ經由スヘシ

○

金庫檢査規程大藏省令第十七號明治廿二年十二月廿八日

第一條　金庫ノ檢査ハ定時及臨時ニ之ヲ施行ス

第二條　定時檢査ハ毎年三月三十一日（當日ノ出納ヲ結了セシ處ヲ以テ檢査ス）臨時檢査ハ金庫出納役及其代理人交替スルトキ若シクハ大藏大臣必要ト認ムルトキニ於テ之ヲ施行ス

第三條　檢査官吏中央金庫若クハ本金庫ヘ臨檢ノ節ハ出納役若クハ其代理人ヨリ其金庫現金出納原簿ノ計算表及現金殘高書ヲ徴シ之ヲ該原簿ノ各科目及各補助簿ノ員額ニ對照シ又現金科目ノ員額ト現金種類別簿ト其金櫃ニ保管スル所ノ現在金ト對査スヘシ

支金庫ヘ臨檢ノ節ハ其出納役代理人ヨリ各帳簿ノ出納金額及現金殘高書ヲ徴シ之ヲ各帳簿ニ對照シ殘高書ノ金額ト現金受拂簿ノ殘金額ト金櫃ニ保管スル所ノ現在金ト

對査スヘシ
檢査官吏前各項ノ對査ヲ了シタルトキハ檢定書二通ヲ製シ金庫出納役若シクハ其代理人ヲシテ之レニ署名捺印セシメ其一通(即甲號)ハ金庫出納役若クハ其代理人ヘ交付スヘシ

第四條　檢査官吏ハ金庫ノ檢査ヲ了シタルトキハ檢査報告書ヲ作リ之レニ第三條第一項ノ現金出納原簿ノ計算表及現金殘高書同條第二項ノ支金庫各帳簿ノ出納金額及現金殘高書同條第三項ノ檢定書(即乙號)ヲ添付シ定時檢査ニ係ルモノハ其年四月三日迄ニ臨時檢査ニ係ルモノハ直ニ其地ヲ發シ大藏大臣ニ送付スヘシ

第五條　檢査官吏金庫ヘ臨檢ノトキハ大藏大臣ノ命令書ヲ携帶シ之ヲ金庫出納役若クハ其代理人ニ示スヘシ

「　」ノ內及印章ハ孰モ朱

「備考」
「回送中ニ係ル員額ノ內譯ヲ尚ホ裏面ニ掲載スルモノトス」

乙　號	「某」金庫檢定書
一金「若干圓」	「何」年「何」月「何」日現金出納原簿現金及回送科目ヲ合計シタル高
一金「若干圓」	「何」年「何」月「何」日金庫現在金高

内

金貨「若干圓」

銀貨「若干圓」

紙幣「若干圓」

兌換銀券「若干圓」

銅貨「若干圓」（白銅貨共）

送金手形爲換手形「若干圓」

「右之外現金ノ種類アルトキハ一々之ヲ掲クヘシ」

一金「若干圓」　「何」年「何」月「何」日回送中

明治「何」年「何」月「何」日檢査候處書面之通相違無之候也

明治「何」年「何」月「何」日

金庫檢査員

「官氏名」印

「某」金庫出納役
代理人
「何　某」　印

出納役印

検査員印

甲　號

「某」金庫検定書

一金「若干圓」　「何」年「何」月「何」日現金出納原簿現金及回送科目ヲ合計シタル高

一金「若干圓」　「何」年「何」月「何」日金庫現在金高

内

金貨「若干圓」

銀貨「若干圓」

紙幣「若干圓」

兌換銀券「若干圓」

銅貨「若干圓」「（白銅貨共）」

送金手形爲換手形「若干圓」

「右ノ外現金ノ種類アルトキハ一々之ヲ掲クヘシ」

一金「若干圓」　「何」年「何」月「何」日回送中

明治「何」年「何」月「何」日檢査候處書面之通相違無之候也

明治「何」年「何」月「何」日

金庫檢査員　「官 氏 名」　印

「某」金庫出納役代理人　「何 某」　印

一金「若干圓」　「何」年「何」月「何」日回送中

内

金「若干圓」　「何」年「何」月「何」日「何」地金庫ヘ發送

但證據書「何々」ヲ檢ス

金「若干圓」　「何」年「何」月「何」日「何」地金庫ヘ發送

但證據書「何々」ヲ檢ス

一金「若干圓」　「何」年「何」月「何」日回送中

內

金「若干圓」　「何」年「何」月「何」日「何」地金庫ヘ發送

但證據書「何々」ヲ撿ス

金「若干圓」　　「何」年「何」月「何」日「何」地金庫ヘ發送

但證據書「何々」ヲ檢ス

○

保管金規則　法律第一號　明治廿二年一月四日

第一條　法律勅令又ハ從來ノ規則ニ依リ政府ニ於テ保管スル公有金私有金ハ左ノ計算法ニ從ヒ滿三十年ヲ過キテ拂戻ノ請求ナキトキハ政府ノ所得トス但別ニ法律ヲ以テ失權ノ期限ヲ定メタルモノハ各其定ムル所ニ依ル

第一　保管義務解除ノ期アルモノハ其義務ヲ解除シタル翌日ヨリ起算ス
第二　保管義務解除ノ期ナキモノハ保管ノ翌日ヨリ起算ス
第三　訴訟事件ノ爲ニ拂戻ヲ請求スル能ハサル場合ニ於テハ裁判確定ノ翌日ヨリ起算ス
第二條　保管金ハ法律勅令又ハ從來ノ規則若クハ契約ニ依ルノ外利子ヲ付セス
第三條　保管金ノ證書ハ賣買讓與又ハ書入質入スルコトヲ得ス
第四條　保管金ノ受渡ニ屬スル證書ハ證劵印稅ヲ納ムルニ及ハス

○

政府保管ノ義務ヲ有スル公有私有金取扱方

勅令第二號
明治廿三年一月四日

預金規則ニ定メタルモノヽ外法律勅令又ハ從來ノ規則ニ依リ政府ニ於テ保管ノ義務ヲ有スル公有金私有金ハ總テ大藏省預金局ニ寄託スヘシ
法律勅令又ハ從來ノ規則ニ依ルノ外政府ハ公有金私有金ヲ保管セス

○

明治廿二年度會計特別整理方

法律第十一號
明治二十三年二月十五日

附錄　保管金規則　政府保管ノ義務ヲ有スル公有私有金取扱方
明治二十二年度會計特別整理方

朕明治二十二年度會計特別整理ノ件ヲ裁可シ茲ニ之ヲ公布セシム

第一條　明治二十二年度ヨリ翌明治二十三年度ヘ轉遷ノ際現行會計法規ニ據リ明治二十二年度ニ屬スヘキ歳入歳出ハ左ノ區分ニ據リ年度所屬ヲ定ムヘシ

第一　歳入ハ明治二十三年三月三十一日マテニ現金ヲ金庫ニ納付濟ノモノヲ以テ明治二十二年度ノ所屬トシ其四月一日以後ニ納付スルモノハ總テ明治二十三年度ノ所屬トス

第二　歳出ハ明治二十三年三月三十一日マテニ仕拂切符ヲ發スルモノヲ以テ明治二十二年度ノ所屬トシ其四月一日以後ニ支出スルモノハ總テ明治二十三年度ノ所屬トス

第二條　明治二十二年度ノ歳計剩餘ハ會計法第二十條ニ準據シ總テ明治二十三年度ノ歳入ニ繰入ルヘシ

第三條　明治二十二年度ニ於テ官廳ニ交付シタル現金ニシテ明治二十三年三月三十一日ニ仕拂殘トナリタルモノハ總テ明治二十三年度ノ歳入ニ納付スヘシ

第四條　現行會計法規ニ據リ明治二十二年度ニ屬スヘキ經費ニシテ明治二十三年三月三十一日前ニ仕拂切符ヲ發シ難キモノハ其定額ヲ明治二十三年度ニ繰越シ整理スヘシ但本規則第六條ニ據リ繰越スモノハ此限ニアラス

第五條　前條ニ據リ繰越ヲナサントスルトキハ會計規則第五十七條ニ據リ繰越計算書ヲ以テ大藏大臣ノ承認ヲ經ヘシ
前項繰越計算書ニハ各債主毎ニ金額ヲ區分シ債主ノ氏名及仕拂切符發行遲延ノ事由ヲ示スヘシ但國債元利ノ繰越計算ニハ債主ヲ區分セス公債ノ種類ヲ區分シ仕拂遲延ノ事由ヲ示スヘシ
第六條　明治二十二年度ノ豫算定額ニシテ會計法第二十一條第二十二條ニ該當スルモノアルトキハ同條ニ準據シテ明治二十三年度ニ繰越シ使用スルコトヲ得
第七條　前條ニ據リ繰越ヲナサントスルトキハ會計規則第五十七條第五十八條ノ手續ニ準據スヘシ
第八條　明治二十二年度豫算ノ繰越ニ係ル歳入歳出ハ明治二十三年度所屬ノ分ト明ニ區分ヲ立テ之ヲ整理スヘシ
第九條　大藏大臣ハ本規則第四條第六條ノ繰越ヲ承認シタルトキハ之ヲ會計檢査院ニ通知スヘシ
第十條　明治二十二年度ノ經費ニシテ明治二十三年一月一日以後ニ仕拂切符ヲ發シ同年三月三十一日マテニ現金ノ仕拂ヲ了ラサルモノハ會計規則第四十七條ニ準據シ國庫ニ於テ資金ヲ繰越シ明治二十三年四月一日以後滿五箇年間ハ仕拂切符所有者ノ請

求ニ應シ金庫ニ於テ仕拂フヘシ
第十一條　明治二十二年度以前ノ國債元利恩給ノ仕拂元金及明治十八年度以前ノ經費ニ係ル引出切符ニシテ明治二十三年三月三十一日マテニ債主ニ仕拂ヲ了ラサルモノハ會計規則第四十七條ニ準據シ國庫ニ於テ資金ヲ繰越シ整理スヘシ

○

會計檢査院法 法律第十五號 明治二十二年五月九日

朕樞密顧問ノ諮詢ヲ經テ會計檢査院法ヲ裁可シ之ヲ公布セシム

會計檢査院法

第一章　組織

第一條　會計檢査院ハ天皇ニ直隷シ國務大臣ニ對シ特立ノ地位ヲ有ス
第二條　會計檢査院ハ院長一員部長三員檢査官十二員ヲ置キ之ヲ會計檢査官トシ別ニ書記官二員檢査官補二十四員及屬若干員ヲ置ク
第三條　院長ハ勅任トシ部長ハ勅任又ハ奏任トシ檢査官書記官及檢査官補ハ奏任トシ屬ハ判任トス

第四條　院長ハ院務ヲ總理シ部長ハ部務ヲ掌理ス
院長事故アルトキハ上席ノ部長ヲシテ代理セシムルコトヲ得
第五條　會計檢査院ニ三部ヲ設ケ各部部長一員檢査官四員ヲ以テ檢査ノ事務ヲ分掌ス
第六條　會計檢査官ハ勅令ニ定メタル資格ヲ具フル者ヲ以テ之ニ任ス
會計檢査官ハ刑事裁判若ハ懲戒裁判ニ依ルニアラサレハ其ノ意ニ反シテ退官轉官又ハ非職ヲ命セラルヽコトナシ
會計檢査官ニ關ル懲戒ノ條規ハ別ニ定ムル所ニ依ル
第七條　父子兄弟ハ同時ニ會計檢査官トナルコトヲ得ス
第八條　會計檢査官ハ他ノ官職ヲ兼予及帝國議會又ハ地方議會ノ議員トナルコトヲ得ス
第九條　會計檢査院ノ議事ハ總會議又ハ部會議ヲ以テ決ス總會議ハ院長ヲ以テ議長トシ部會議ハ部長ヲ以テ議長トス
議事ハ多數ヲ以テ決ス可否同數ナルトキハ議長ノ決スル所ニ依ル
第十條　左ノ場合ニ於テハ總會議ヲ以テ議決ス
一　第十五條ニ依リ上奏ヲ爲シ又ハ天皇ノ下問ニ奉答スルトキ
二　第十四條ニ依リ報告書ヲ確定スルトキ

三　第十七條ニ依リ意見ヲ陳述スルトキ
四　檢查事務ノ規程計算證明ノ樣式及提出ノ期限ヲ定メ又ハ之ヲ改正スルトキ
五　其他院長ニ於テ總會議ニ付スルノ必要アリト認メタルトキ
第十一條　計算檢查ノ判決ハ凡テ會議ニ於テス其ノ總會議ニ於テスルト部會議ニ於テスルトハ會計檢查院長ノ定ムル所ニ依ル

第二章　職權

第十二條　會計檢查院ハ官金ノ收支官有物及國債ニ關ル計算ヲ檢查確定シテ會計ヲ監督ス
第十三條　會計檢查院ノ檢查ヲ要スルモノ左ノ如シ
一　總決算
二　各官廳及官立諸營造ノ收支及官有物ニ關ル決算
三　政府ヨリ補助金又ハ特約保證ヲ與フル團體及公立私立諸營造ノ收支ニ關ル決算
四　法律勅令ニ依リ特ニ會計檢查院ノ檢查ニ屬セラレタル決算
第十四條　會計檢查院ハ憲法第七十二條ニ依リ決算ヲ檢查確定スルト同時ニ左ノ諸項ニ付報告書ヲ作ルヘシ

一　總決算及各省決算報告書ノ金額ト各出納官吏ノ提出シタル計算書ノ金額ト符合スルヤ否ヤ

二　歲入ノ賦課徵收歲出ノ使用官有物ノ得有沽賣讓與及利用ハ各其ノ豫算ソ規程又ハ法律勅令ニ違フコトナキヤ否ヤ

三　豫算超過又ハ豫算外ノ支出ニシテ議會ノ承諾ヲ受ケサルモノナキヤ否ヤ

第十五條　會計檢査院ハ各年度ノ會計檢査ノ成績ヲ上奏シ其ノ成績ニ就テ法律又ハ行政上ノ改正ヲ必要トスヘキ事項アリト認ムルトキハ併セテ意見ヲ上奏スルコトヲ得

第十六條　會計檢査院ハ各官廳中一部ニ屬スル計算ノ檢査及責任解除ヲ其ノ廳ニ委託スルコトヲ得但シ其ノ檢査ノ成績ハ該廳ヲシテ之ヲ會計檢査院ニ報告セシムヘシ

前項ノ委託ニ拘ラス會計檢査院ハ時宜ニ依リ其ノ所管ノ官廳ヲシテ計算書ヲ送付セシメ之カ檢査ヲ行フコトアルヘシ

第十三條第三項團體及公立私立諸營造ノ決算ニ就テモ亦本條ヲ適用スルコトヲ得

第十七條　金庫ノ出納及簿記上ニ關ル各省ノ命令ニ付會計檢査院ハ其ノ發布ノ前通知ヲ受ケ意見アルトキハ之ヲ陳述スルコトヲ得

會計檢査院ハ收入及支出ニ關ル規則ヲ定メ及既定ノ規則ヲ改正スル各省ノ命令ニ付其ノ發布ノ前通知ヲ受ク

第十八條　會計檢査院ハ計算書及計算證明ノ樣式並ニ其ノ提出及推問ニ對スル答辯ノ期限ヲ定ム

第十九條　會計檢査院ハ各官廳ヲシテ檢査上必要ナル簿書及報告ヲ提出セシメ及主任官吏ノ辯明書ヲ求ムルコトヲ得

會計檢査院長ハ檢査上必要ト認ムルトキハ主任官吏ヲ派遣シ實地檢査ヲ爲スコトヲ得此ノ塲合ニ於テハ豫メ本屬長官ニ通知シ該長官ハ主任官吏ヲシテ檢査ニ立會ヲ爲サシムルコトヲ得

第二十條　會計檢査院ハ出納官吏ノ計算書及證憑書類ヲ檢査シ正當ナリト判決シタルトキハ該官ニ對シ認可狀ヲ付シ其責任ヲ解除ス若必要ナル塲合ニ於テハ之ヲ推問シ辯明又ハ正誤ヲ爲サシメ仍正當ナラスト判決シタルトキハ本屬長官ニ移牒シテ處分ヲ爲サシム

第二十一條　會計檢査院ノ判決ニ據リ辨償ノ責ヲ負フ者ハ天皇ノ恩赦ニ由ルノ外本屬長官之ヲ減免スルコトヲ得ス

第二十二條　出納官吏計算書及證憑書ノ提出ヲ怠リ又ハ樣式ヲ守ラサルトキハ會計檢査院ハ本屬長官ニ移牒シテ懲戒處分ヲ要求スルコトヲ得

第二十三條　政府ノ機密費ニ關ル計算ハ會計檢査院ニ於テ檢査ヲ行フ限ニ在ラス

第二十四條　會計檢査院ハ認可狀ヲ付スルノ後ト雖其ノ付シタル日ヨリ五箇年以內ニ於テハ出納官吏ヨリ之ヲ請求スルカ又ハ計算書ノ誤謬脫漏二重記載アルコトヲ發見シタルトキハ再審ヲ爲スコトヲ得但シ詐僞ノ證憑ヲ發見シタルトキハ五箇年後ト雖再審ヲ爲スコトヲ得

出納官吏ハ會計檢査院再審ノ判決ニ對シテ再ヒ審判ヲ請求スルコトヲ得ス

第三章　附則

第二十五條　會計檢査院ノ事務章程ハ別ニ勅令ヲ以テ之ヲ定ム

○

會計檢査院事務章程

明治二十二年九月廿四日
勅令第百六號

第一章　部課

第一條　會計檢査院ニ第一第二第三部ヲ設ケ各部ニ第一第二第三第四課ヲ設ク各課ノ課長ハ檢査官ヲ以テ之ニ充テ檢査官補及若干員ヲ分屬セシム

第二條　會計檢査院全般ニ關ル事務又ハ臨時ノ事務ヲ處理スル爲ニ特ニ委員若ハ分科ヲ設クルコトヲ得

第二章　會議

第三條　會計檢査院ノ會議ハ會計檢査官ヲ以テ組織ス
第四條　總會議ハ院長之ヲ開キ部會議ハ部長之ヲ開ク
第五條　總會議ハ現員會計檢査官三分ノ二以上部會議ハ半數以上出席スルニアラサレハ議事ノ効力ヲ有セス
出席會計檢査官前項ノ數ニ滿タサルトキハ檢査官補ヲ以テ補充スルコトヲ得
檢査官補ヲ以テ補充スルハ出席會計檢査官ノ數三分ノ一以內ニ限ル
第六條　總會議及部會議ハ課長ノ檢査ヲ經タル檢査官補ノ報告書若ハ會計檢査官ノ提出シタル文書ヲ以テ議案トス

第三章　職員及權限

第七條　院長ハ所部ノ官吏ヲ統督シ奏任官ノ進退ハ內閣總理大臣ヲ經テ之ヲ上奏シ判任官以下ハ之ヲ專行ス
第八條　院長ハ內閣總理大臣ヲ經テ所部官吏ノ叙位叙勳昇等及恩給ヲ上奏シ又ハ普通ノ成規ニ依リ增俸賞與ヲ行フ
第九條　檢査官ハ奏任四等以上トシ檢査官補ハ奏任四等以下トス
第十條　會計檢査官ノ外各官吏ノ懲戒ハ普通ノ規定ニ依ル
第十一條　左ノ事項ハ院長ノ職權ニ屬ス

第一　各部及各課管理ノ事務ヲ定ム
第二　職員ノ配置事務ノ分配及共同擔任ノ事ヲ命ス
第三　檢査官補ニ總會議出席ヲ命ス
第四　臨時屬官ニ指命シテ檢査官補ノ事務ヲ行ハシム但議事ニ出席セシムルコトヲ得ス
第五　特ニ委員又ハ分科ヲ設ケ取調ヲ爲サシム
第六　奏任以下ノ官吏ニ派出檢査ヲ命ス
第七　檢査ノ執行認可狀ノ交付ニ關ル細則ヲ定ム
第八　議事ニ關ル細則ヲ定ム
第九　會議ニ付スルヲ要セサル事件ヲ處分ス
第十　庶務及會計ニ關ル規定ヲ定ム
第十二條　院長ハ部ヨリ提出スル文書ニ付テ主意又ハ事實ノ變更ヲ必要トスルトキハ主管部長及課長ノ同意ヲ得ルヲ要ス若其ノ同意ヲ得サルトキハ之ヲ總會議ニ付スヘシ
第十三條　院長ハ總會議ノ議決ヲ不當ト認ムルトキハ其實行ヲ停止シ十四日以內ニ之ヲ再議ニ付スルコトヲ得

再議ノ議決ニ對シテハ復之ヲ停止スルコトヲ得ス

第十四條　總會議又ハ部會議ノ議決ニ成ル所ノ文書ニシテ其主意又ハ事實ノ變更ニ屬セス其ノ條理ヲ明暢ナラシムル爲ニ文章ヲ修正スルニ止マルモノハ院長專ラ之ヲ改ムルコトヲ得

第十五條　院長ハ部長ヨリ提出スル文書ニシテ其ノ總會議又ハ部會議ノ議決ニ由ラサル事件ニ付再調査ヲ爲サシムルコトヲ得

第十六條　院長ハ其ノ職權ニ屬スル事務ニ付總會議ノ意見ヲ諮問スルコトヲ得

第十七條　院長ハ檢査ノ精覈ヲ期スル爲ニ各部ヨリ提出スル計算書及證憑書ニ付其一部ノ稽査ヲ行フヘシ

第十八條　左ノ事項ハ部長ノ職權ニ屬ス

第一　所管ノ課長ヨリ提出スル所ノ文書ヲ稽査シ又ハ之ヲ部會議ニ付シテ後ニ院長ニ提出シ其院長ニ提出スルヲ要セサルモノハ自ラ之ヲ處分ス

第二　檢査官補ニ部會議出席ヲ命ス

第三　部中檢査官以下主任ノ事務ヲ一時相互ニ幇助セシメ又ハ院長ノ認定ヲ經テ分擔事務終結期限ノ猶豫ヲ認許ス

第四　部中職員ノ行務ヲ監督シ院長ニ報告ス

第十九條　部長ハ課長ヨリ提出スル文書ニ付テ主意又ハ事實ノ變更ヲ必要トスルトキハ主任課長ノ同意ヲ得ルヲ要ス若シ其ノ同意ヲ得サルトキハ之ヲ部會議ニ付シ又ハ院長ノ許可ヲ得テ之ヲ總會議ニ提出スヘシ

第二十條　部長ハ部會議ノ議決ヲ不當ト認ムルトキハ其ノ實行ヲ停止シ院長ノ許可ヲ得テ十四日以内ニ總會議ニ提出スルコトヲ得

第二十一條　部會議ノ議決ニ成ル所ノ文書ニシテ其ノ主意又ハ事實ノ變更ニ屬セス其ノ條理ヲ明暢ナラシムル爲ニ文章ヲ修正スルニ止マルモノハ部長專ラ之ヲ改ムルコトヲ得

第二十二條　部長ハ課長ヨリ提出スル文書ニシテ其ノ部會議ノ議決ニ由ラサル事件ニ付再調査ヲ爲サシムルコトヲ得

第二十三條　部長疾病事故ニ由リ不在ナルトキハ院長ノ命ニ依リ他ノ部長之ヲ代理ス

第二十四條　課長ハ課務ヲ幹理ス

第二十五條　課長ハ課中檢査官補ノ調製スル文書ヲ査閲シ其ノ適當ヲ證シ又ハ意見ヲ付シテ部長ニ提出シ又ハ再調査ヲ爲サシムルコトヲ得

課長ハ課ヨリ提出スル文書ニ付其ノ本章程ニ於テ特ニ檢査官補ノ責任ニ屬スルモノヽ外ハ院長及部長ニ對シテ其ノ責ニ任ス

第二十六條　課長疾病事故ニ由リ不在ナルトキハ院長ノ命ニ依リ部中他ノ課長之ヲ代理ス

第二十七條　課長ハ其ノ擔當スル事務ノ範圍內ニ於テ會計檢査院法第十四條及第十五條ニ依リ同院ヨリ提出スヘキ檢査報告書又ハ行務成績書ニ掲載スヘキ事項ト認ムルモノヲ摘記シ之ヲ部長ニ提出スヘシ

第二十八條　檢査官補ハ計算書證憑書ノ檢査報告ヲ爲シ審理書其ノ他文書ノ起草ヲ掌ル

檢査官補ハ各計算書ヲ對照シ及證憑書類ヲ檢査シ其ノ不當ノ件ハ遺漏ナク之ヲ摘出シタルコトヲ證明スヘシ

第二十九條　檢査官補ハ總會議又ハ部會議ニ於テ其ノ報告ノ事件ニ就キ辨明ヲ爲ス

第三十條　檢査官補ハ院長若ハ部長ノ命ニ依リ檢査官ノ闕席ヲ補充スル爲ニ總會議又ハ部會議ニ出席シ決議ノ數ニ加ハルコトヲ得

第三十一條　書記官ハ院長官房ノ事務其ノ他院中ノ庶務會計ヲ幹理ス

第三十二條　屬ハ各部課ニ屬シ調査ニ從事シ又ハ書記官ニ屬シ庶務會計ニ從事ス

第四章　行務

第三十三條　會計檢査院ハ行務年度ヲ定メ院長定ムル所ノ行務監督規程ニ據リ其ノ年

度中ニ於テ執行スヘキ事務ノ程度及各員擔任ノ事項ヲ定ム
第三十四條　會計ノ檢査ハ左ノ區別ニ從ヒ之ヲ執行ス
第一　命令官決算ノ檢定
第二　出納官吏計算ノ檢査判決
命令官決算ノ檢定ハ總決算各省決算報告書及其ノ證憑書ニ據リ之ヲ執行ス
出納官吏計算ノ檢査判決ハ各官吏ノ提出シタル計算書及證憑書ニ據リ之ヲ執行ス
右ノ外會計檢査院法第十三條第三第四ニ關ル決算ノ檢査判決ハ其ノ主管者ヨリ提出シタル計算書及證憑書ニ據リ之ヲ執行ス
第三十五條　會計檢査官ハ父子兄弟ノ提出シタル計算書ヲ檢査シ及其判決ニ與ルコトヲ得ス
第三十六條　會計檢査院ハ檢査ノ成績ニ依リ摘發シタル事項ニ付當該官吏ニ審理書ヲ發付シ答辯又ハ正誤セシム
第三十七條　會計檢査院ハ國務大臣ニ對シ文書ヲ以テ質問ヲ爲シ又ハ注意ヲ要求スルコトヲ得ルモ審理書ヲ發スルコトヲ得ス
第三十八條　審理書ニハ左ノ事項ヲ掲ク
第一　不合規ノ件ニ對スル批難

第二　將來ノ措置ニ對スル注意
第三　不明瞭ノ件ニ對スル推問
第三十九條　會計檢査院ハ第一回ノ審理書ニ對スル答辯又ハ正誤ヲ以テ仍不充分ナリト認定シタルトキハ再三審理書ヲ發ス
檢査ノ後計算ヲ正當ナラスト認定シタルトキ命令官ニ對シテハ之ヲ本屬長官ニ通牒シ出納官吏ニ對シテハ判決書ヲ發ス
第四十條　出納官吏ニ認可狀又ハ判決書ヲ交付シタルトキハ會計檢査院ハ其ノ謄本ヲ以テ大藏大臣ニ通知スヘシ
第四十一條　判決書ヲ發シタルトキハ會計檢査院ハ速ニ本屬長官ニ移牒シテ其ノ處分ヲ要求スヘシ
第四十二條　會計檢査院前項ノ要求ニ對スル本屬長官ノ處分ヲ以テ適當ナラスト認ムルトキハ其ノ由ヲ行務成績書ニ載セ上奏スヘシ
第四十三條　會計檢査院法第二十四條ニ依リ再審ニ關ル出納官吏ノ請求ヲ受理スルハ左ノ塲合ニ限ル
第一　計算又ハ事實ニ錯誤アリトスルトキ
第二　脫漏又ハ二重記載アリトスルトキ

第三　新ニ證憑書ヲ發見シタルトキ
第四　正當ナラサル證憑書ニヨリ判決シタリトスルトキ
第五　判決ヲ以テ法律命令ニ違反セリトスルトキ
第四十四條　再審ノ場合ニ於テハ前ニ該件ノ檢査ヲ擔當セサリシ他ノ部ニ移シテ審査セシムヘシ
第四十五條　會計檢査院ハ檢査上參考ノ爲ニ各地方官廳ヲシテ其ノ地ノ物價ヲ定期若ハ臨時ニ報告セシムルコトヲ得

○

整理公債ニ關スル特別會計法（法律第十四號 明治二十三年二月廿八日）

法律第十四號

第一條　整理公債條例ニ依リ募集又ハ償還スル公債金ノ會計ハ特別トシテ一般ノ歳入歳出ト區分スヘシ
第二條　整理公債募集金ノ毎年度内ニ他ノ公債償還ニ供セサルモノハ翌年度ヘ繰越スヘシ
第三條　整理公債條例第三十一條ニ依リ支出スル製造費發行費及利子ハ其金額ヲ一般

ノ歳入ニ組入レ一般ノ歳出トシテ拂出スヘシ
第四條　本法ハ明治二十三年度ヨリ施行ス

○

北海道及ヒ町村制ヲ施行セサル島嶼アル各縣（沖繩縣ヲ除ク）國税徴收手續

大藏省訓令第二十號

北海道及ヒ町村制ヲ施行セサル島嶼ノ國税徴收ノ手續ハ左ノ各項ノ外明治二十三年大藏省令第三號國税徴收法施行細則ニ準據取扱フヘシ

明治二十三年三月一日

一收入官吏現金ヲ領收シ之ヲ金庫ニ拂込タルトキハ其別符付領收證ヲ島司又ハ郡區長ニ送付シ別符ノ切離及領收證ノ檢印ヲ受クヘシ

一島司又ハ郡區長ハ收入官吏ノ送付シタル金庫ノ領收證ヲ檢シ收入檢定簿ヲ備ヘテ之ニ記入シ領收證ニ檢印シ別符ヲ切離シ領收證ハ之ヲ返付スヘシ

一島司又ハ郡區長ニ於テ前項ノ領收證ヲ檢シタルトキハ毎月檢定報告書ヲ製シ翌月七日以内ニ之ヲ北海道廳長官府縣知事ニ送付スヘシ

一北海道廳長官府縣知事ハ前項ノ報告書ヲ取纒メ其月十五日以內ニ之ヲ大藏省ニ送付スヘシ
一收入官吏ハ明治二十二年大藏省令第十一號書式第四號ニ依リ收入報告書ヲ調製シ收入金月計對照表ヲ添ヘ翌月七日マテニ島司郡區長ヲ經テ北海道廳長官府縣知事ニ送付スヘシ
一收入官吏ハ明治二十三年大藏省令第三號書式第七號ニ據リ收入額收入未濟額及缺損額報告書ヲ調製シ各納期後五十日以內ニ島司又ハ郡區長ヲ經テ北海道廳長官府縣知事ニ送付スヘシ

〇

國債ニ關スル仕拂及收入金決算（勅令第二十號 明治二十三年三月六日）

勅令第二十號

第一條　會計法第十五條第二項ニ依リ國債元利金仕拂ノ爲メ銀行ニ現金ノ前渡ヲ爲シタルトキハ會計規則第九十八條ニ準シ銀行ヲシテ其仕拂ヲ會計檢查院ニ證明セシムヘシ

第二條　法律命令ニ依リ日本銀行ヲシテ國債ノ募集又ハ借入ヲ取扱ハシムルトキハ日

本銀行ハ大藏大臣定ムル所ノ期限ニ出納ノ計算書ヲ製シ會計檢査院ノ檢査判決ヲ受ル爲メ之ヲ大藏省ニ送付スヘシ

第三條　大藏省國債局長ハ前條計算書ノ下檢査ヲ執行シ其下檢査書ヲ添ヘ之ヲ會計檢査院ニ送付スヘシ

○

大藏省訓令第二十六號 明治二十三年三月七日

北海道廳　府縣

從來各廳官吏ニ於テ取扱ノ現金ヲ金庫局（金庫局大阪出張所共以下皆同シ）國庫金出納所（國庫金出納支所共以下皆同シ）ヘ雜部金トシテ預ケ入レ金庫局及國庫金出納所ニ於テハ該官吏ノ仕拂切符ヲ以テ之ヲ仕拂ヒ又ハ各廳ヘノ納金ヲ納人ヨリ直ニ金庫局及國庫金出納所ヘ雜部トシテ納付シタルモノ有之候處本年四月一日以降會計法施行ニ付出納官吏ノ資格アルモノニアラサレハ雜部金ノ保管預ケヲナシ又ハ現金ノ出納ヲ難取扱儀ニ付本年三月三十一日迄ニ金庫局及國庫金出納所ヘ雜部預ケ入レニナセシ金額ハ左ノ順序ニヨリ整理スヘシ

第一條　各廳官吏ニ於テ取扱フ現金ニシテ本年三月三十一日迄ニ金庫局及國庫金出納所ヘ雜部預ニセシ金額ノ內同日迄ニ仕拂切符ヲ發行シ其案內書ヲ金庫局及國庫金出

納所ヘ送致濟ノ分ニ係ル金額ヲ扣除シ其殘額ハ雜部金引繼證書ヲ製シ（本文引繼證書ハ國庫金出納所事務順序第五十九條ノ雜部金仕拂切符ヲ用ヒ其書式文中「何之誰渡」「日附後九十日限リ此切符持參人ヘ現金相渡ス可シ」トアルヲ朱線ヲ以テ抹殺シ更ニ「本行ノ金額ハ今般出納官吏何廳何官氏名ヘ此證書ヲ以テ引繼候ニ付拙者預ケ金ハ決算有之度候也」ト記載シ大藏省金庫局（何地現金仕拂所）トアルハ中央金庫（何地本支金庫）トスヘシ）會計法規ニ據リ定ムル所ノ出納官吏ヘ引繼クヘシ

前項ノ引繼證書ヲ發シタルト同時ニ案內書ヲ製シ（本文案內書ハ國庫金出納所事務順序第五十九條雜部金仕拂切符ニ附屬セル案內書ヲ用ヒ其書式文中「何之誰渡」「此仕拂切符本日振出ス」トアルヲ朱線ヲ以テ抹殺シ更ニ「本行ノ金額出納官吏何廳何官氏名ヘ引繼キ即チ本日引繼證書相發ス」ト記載シ（金庫局長）（現金支拂所）トアルハ（中央金庫）（何地本支金庫）トスヘシ）中央金庫若クハ各地本支金庫ヘ報告スヘシ

第二條　第一條ノ引繼ヲ受ケタル出納官吏ハ引繼證書ヲ以テ明治二十二年十月大藏省令第十三號ノ順序ニ據リ中央金庫若クハ各地本支金庫ヘ保管預ケノ順序ヲナスヘシ

第三條　各廳ヘノ納金ニシテ納人ヨリ直ニ金庫局及國庫金出納所ヘ納入セシ分ノ本年四月一日ヘ越未決算ノ金額ハ其關係ノ各廳官吏ニ於テ國庫金出納所事務順序第五十六條第六號書式金庫領收證書（甲乙トモ）ニ明細書ヲ添ヘ會計法規ニ據リ定ムル所ノ收入官吏ヘ引繼クヘシ（本年三月三十一日迄ノ金庫領收證書ニシテ四月一日以降各廳ヘ到達シタルモノアルトキハ追引繼トシテ本文ノ順序ヲナスヘシ）

前項ノ引繼ヲナシタル各廳官吏ハ引繼明細書ノ寫シヲ製シ之レヲ案內トシテ中央金庫若クハ各地本支金庫ヘ送付スヘシ

第四條　本年三月三十一日以前ニ各廳官吏ニ於テ金庫局及國庫金出納所ヘ預ケ入レタ

ル雜部金ニ對シ第一條ノ引繼證書ヲ發シタルモノヽ外本年四月一日以降現金引出切符ヲ發シ又ハ現金ノ拂戻シヲ請求スルヲ得ス

○

大藏省訓令第二十七號 明治二十三年三月七日

大藏省金庫局　國庫金出納所　金庫出納役

明治二十三年三月三十一日迄ニ各廳ヨリ雜部金トシテ金庫局（金庫局大阪出張所共以下皆同シ）國庫金出納所（國庫金出納支所共以下皆同シ）ヘ預ケ入レタル金額及各廳ヘノ納金ニシテ納人ヨリ直ニ納入セシモノヽ整理方今般當省訓令第二十六號ノ通相定メ候ニ付各金庫ニ於テ左ノ順序ニ據リ整理スヘシ

第一條　金庫局及國庫金出納所ハ本年三月三十一日迄ニ各廳ヨリ雜部金トシテ預リタル現金ニシテ本年四月一日ヘ越現在高ハ仕譯書ヲ添付シ之ヲ中央金庫若クハ各地本支金庫（國庫金出納本支所ハ引繼順序第五條ニ據リ）ヘ引繼クヘシ

前項仕譯書ニハ本年三月三十一日迄ニ各廳ヨリ仕拂切符發行ノ案内書ヲ受領シ現金未仕拂ニ係ルモノアレハ之ヲ區別シ該案内書ヲモ添付シ引繼クヘシ（本年三月三十一日迄ニ發シタル案内書ニシテ四月一日以降ニ受領シタルモノアルトキハ追引繼トシテ本文ノ取扱ヲナスヘシ）

第二條　第一條雜部預リ金ノ引繼ヲ受ケタル中央金庫若クハ各地本支金庫ハ舊雜部ノ科目ヲ以テ之ヲ受入レ整理スヘシ但中央金庫若クハ各地本金庫ハ出納原簿上特ニ舊雜部ノ科目ヲ以整理スヘシ

各金庫ニ於テハ前項引繼ヲ受ケタル現金ノ内ニテ本年三月三十一日迄ニ各廳ニ於テ仕拂切符ヲ發シタル金額ヲ扣除シ（本文扣除セシ金額ヲ以テ本年三月三十一日迄ニ發シタル仕拂切符ニ對シ現金ノ仕拂ヲナスハ從前ノ通取扱フヘシ）其殘額ハ本年三月當省訓令第二十六號第一條及第二條ニヨリ各廳ニ於テ會計法規ニ據リ定ムル所ノ出納官吏ヘ引繼キ更ニ各金庫ヘ保管預ケノ順序ヲナシタルモノニアラサレハ之レカ仕拂ヲナスヲ得ス

第三條　金庫局若クハ國庫金出納所ハ國庫金出納所事務順序第五十六條ニ據リ本年三月三十一日迄ニ各廳ヘノ納金ヲ納人ヨリ直ニ領收シ本年四月一日ヘ越未決算ニ係ル現金ハ仕譯書ヲ添付シ之ヲ中央金庫若クハ各地本支金庫（國庫金出納本支所ハ引繼順序第五條ニヨリ）ヘ引繼クヘシ

第四條　第三條ノ納人直納金ノ引繼キヲ受ケタル中央金庫若クハ各地本支金庫ハ舊雜部金中特ニ納人直納金ノ科目ヲ設ケ之ヲ受入レ整理スヘシ

前項ノ納人直納金ハ本年四月一日以降各廳ニ於テ本年三月當省訓令第二十六號第三條ニ據リ收入官吏ヘ引繼キタル旨ノ案内ヲ受ケタル後該收入官吏ノ請求ニ依リ之レ

カ納拂ヲナスヘシ（本文納人直納金ノ拂方ハ收入官吏ヨリ拂込書ヲ以テ歳入ニナスカ又ハ收入官吏ノ請求ニ應シ最前納入ヲナシタルモノヘ預リ證書引換ニ拂戻シヲナスノ二途アルノミ）

○

大藏省訓令第二十八號 明治二十三年三月七日

出納官吏

明治二十二年大藏省令第十一號書式中第十四號收入官吏收入簿第十六號會計主務官支出簿月計及追次締高記載方ハ左ノ樣式ニ準スヘシ其第十七號中央會計主務官歳出簿中合計トアルハ最終ノ合計ニシテ毎月合計ヲ要セサル儀ト心得ヘシ

1　何々(款)　何々(項)　2

年月日		摘要	調定濟額 圓	錢	厘	厘	△備考△ △不納缺損額△ 圓	錢	厘
四	何	何月分徴税令書發布	70,000	00	0	0	150	00	0
	何	領收證第何號ヨリ第何號迄				0	0	△	△
	何	現金ニテ領收				0			
	何	何某外何名公賣處分濟缺額					80	00	0
		四月分合計	70,000	00	0		80	00	0
五	何	何月分徴税令書發布	60,000	00	0				
	何	領收證第何號ヨリ第何號迄					230	00	0
	何	現金ニテ領收							
		五月分合計	60,000	00	0				
		累　計	130,000	00	0				
六	何	何月分徴税令書發布	60,000	00	0				
	何	領收證第何號ヨリ第何號迄							
	何	領收證第何號ヨリ第何號迄							
	何	現金ニテ領收							
		六月分合計	60,000	00	0				
		累　計	190,000	00	0				
七	何	何月分徴税令書發布	30,000	00	0				
	何	領收證第何號ヨリ第何號迄							
	何	現金ニテ領收							
	何	領收證第何號ヨリ第何號迄							
	何	現金ニテ領收							
		(1)七月分追次	30,000	00	0				
		(2)追次締高	190,000	00	0				

「」ノ内及備考文ハ總テ朱△印ハ藍

備考

一 各科目毎ニ毎月最終ノ記帳ヲ了シタルトキ「調定濟額」「收入濟額」「不納缺損額」ノ欄ヘ墨ノ單線ヲ

1　　何々(款)　何々(項)　命令官

年月日		摘要	仕拂豫算額 圓	錢	厘	仕拂命令調定濟 圓	錢
四	何	仕拂豫算額	100,000	00	0		
	何	仕拂命令第何號ヨリ第何號迄				15,000	0
	何	仕拂豫算增加額	5,000	00	0		
	何	仕拂豫算減額	1,000	00	0		
	何	定額戻入				500	0
		四月分合計	105,000	00	0	15,000	0
		四月分定額戻入及減額合計	1,000	00	0	500	0
		四月分純合計	104,000	00	0	14,500	0
五	何	仕拂命令第何號ヨリ第何號迄				10,000	0
	何	仕拂命令第何號ヨリ第何號迄				1,500	0
		五月分合計	0			11,500	0
		累計	104,000	00	0	26,000	0
六	何	仕拂命令第何號ヨリ第何號迄				6,000	0
		六月分合計	0			6,000	0
		累計	104,000	00	0	32,000	0
七	何	仕拂命令第何號ヨリ第何號迄				5,000	0
	何	定額戻入				300	0
	何	仕拂豫算增加額	2,000	00	0		
		(1)七月分追次締高	2,000	00	0	5,000	0
		(2)七月分定額戻入追次締高				300	0
		(3)追次締高	107,000	00	0	37,500	0
		(4)定額戻入及減額追次締高	1,000	00	0	800	0

○

大藏省訓令第二十九號 明治二十三年三月八日

北海道廳府縣(沖繩縣ヲ除ク)

國稅賦課ノ成蹟ヲ詳明ナラシムル爲メ左ノ手續ニ依リ毎年度國稅賦課計算書ヲ調製シ明治二十二年度分ヨリ之ヲ大藏省ニ送付スヘシ

但明治二十年訓令第五十號租稅計算整理順序同第五十二號地租延納年賦異動報告ハ廢止ス

一國稅賦課計算書ハ地租ハ暦年其他ノ國稅ハ會計年度ノ區分ニ依リ其所屬年度間ニ賦課シタル物件ノ員數及ヒ租稅額ヲ掲載スヘシ

一國稅賦課計算書送付後所屬年度ノ出納完結ヲ過キ賦課額ノ異動ヲ發見シタルトキハ更ニ賦課追加計算書表面ヘ元年度ヲ記載スヲ調製シ相當年度ノ賦課計算書ト共ニ之ヲ送付スヘシ

但其所屬年度ノ出納完結以前ニ係ルモノハ之ヲ訂正シテ曩キノ計算書ト引換ヲ請フヘシ

一國稅賦課計算書ハ第一號ヨリ第十五號マテノ樣式ニ依リ調製シ地租ハ翌年三月以内其他ノ國稅ハ會計年度經過後二箇月以內ニ其廳ヲ差立ヘシ

但計算書樣式ハ主稅局ヨリ送付スヘシ

附錄 大藏省訓令第二十八號 第二十九號

○

大藏省訓令第三十號 明治二十三年三月十一日

金庫出納事務規程第十五條金庫所在地外ノ債主ヨリ金庫ヘ差出セシ領收證書ハ一箇月分ヲ取纏メ（其月中ニ金庫ヘ落手セシモノヲ云フ）翌月五日迄ニ會計主務官ヘ送付シ會計主務官ノ領收證書ヲ取置クヘシ

金庫出納事務規程第十六條ニヨリ集合仕拂命令ヲ受ケタルトキハ金庫ハ該仕拂命令ニ對シ領收證書（集合仕拂命令一枚ニ對シ領收證書一葉ヲ送付スルコト）ヲ會計主務官ヘ差出スヘシ

○

大藏省訓令第三十三號 明治二十三年三月十二日

北海道廳 府縣

明治二十二年度經常歲出恩賞諸祿ニシテ明治二十三年法律第十一號ニ該當スルモノアルトキ其取扱方左ノ通心得ヘシ

一明治二十三年法律第十一號第四條ニ該當スルモノアルトキハ其事由ヲ詳記シ明治十九年大藏省訓令第五十一號ニ準シ滅額報告書ヲ調製シ年度經過後七日以內ニ其地ヲ發シ之ヲ大藏大臣ニ差出スヘシ

一明治二十三年三月三十一日以前ニ仕拂フヘキ明治二十二年度所屬ニシテ同日マテニ未請求ノモノアルトキハ左ノ書式ニ據リ報告書ヲ調製シ年度經過後七日以内ニ其地ヲ發シ之ヲ大藏大臣ニ差出スヘシ

一前第一項若クハ第二項ノ報告ニ關スルモノヽ仕拂其他ノ取扱ハ明治二十三年大藏省訓令第十二號ノ順序ニ據ルヘシ但本項ニ係ルモノハ仕拂其他總テ相當年度ノモノト區分ヲ明カニスヘシ

「」ノ内ハ孰モ朱

「(書式)」

「(用紙美濃紙)」

「(表紙)」

明治二十二年度

經常歲出第一部恩賞諸祿

請求未濟報告

何廳

	請求未濟金額					
	圓	錢	厘	圓	錢	厘
恩賞諸祿						
文官恩給						
退官給						
終身恩給　姓名　年額　120圓						
明治二十二年七月ヨリ十二月迄ノ分新規下賜ニ依リ何年何月何日恩給證書發布ノ分ニシテ未請求ノ分	60	00	0			
一時賜金						
五年以上奉職退官者賜金　官姓名　明治二十三年三月何日非職滿期ノ處年度末ニテ未請求ノ分	100	00	0	160	00	0
				160	00	0

明治二十二年度ニ屬スヘキ分理由書ノ通ニシテ未請求ノ分書面之通ニ候也

明治二十三年四月　日

何廳長官氏名印

大藏大臣宛

○大藏省訓令第三十四號 明治二十三年三月十四日

府縣（沖繩縣ヲ除ク）

備荒儲蓄金取扱順序明治二十三年度以降左ノ通心得ヘシ

但收支科目及報告書式ハ別ニ頒ツ

備荒儲蓄金取扱順序

第一條 備荒儲蓄法第四條ニ因リ府縣儲蓄金ノ管守支給及利殖ノ方法ヲ定メ許可ヲ得タルトキハ府縣知事ハ該年度ノ收支概計書別紙第一號ノ式ニ因ルヘシヲ製シ大藏大臣ヘ差出スヘシ

第二條 府縣儲蓄金ノ內現金ヲ銀行等ヘ預ケ入ヲナストキハ其金額ニ對スル抵當ヲ要スヘキハ勿論其抵當ハ公債證書ヲ取置クヘシ

第三條 地租ノ貸與金ヲ受タルモノ不慮ノ災害ニ遭遇シ返納シ能ハサルトキハ之ヲ猶豫シ又ハ免除スルノ方法ヲ設ケントスルトキハ府縣會ニ於テ議定セシムヘシ

第四條 地租ノ貸與金ヲ受タルモノ其返納年限內ニ於テ利引ヲ以テ一時上納ナサシムル爲メ該府縣儲蓄金利子平均ノ分合ニ準シ利引ノ方法ヲ設ケントスルトキハ府縣會ニ於テ議定セシムヘシ

第五條 米穀ヲ貯積スル爲メ倉廩ヲ建築シ及借庫料番人給料等ニ係ル諸費用郡市町村吏旅費ノ

如キハ此限ニアラス並米穀公債證書ノ賣買等ニ關スル諸雜費及損失ヲ府縣儲蓄金ノ内ヨリ支辨スルノ方法ヲ設ケントスルトキハ府縣會ニ於テ議定セシムヘシ

第六條　備荒儲蓄法第七條ニ因リ府縣儲蓄金ノ百分ノ五前年度ヨリ越高(貸付金ハ其年返納スヘキ額ヲ除算ス)及其年收入スヘキ金額ヲ合セタル總額ニ對シ計算スヘシ以上ヲ供用支出セントスルトキハ豫メ災害ノ景況及救助額ノ概算ヲ内務大藏兩大臣ニ具狀シ中央儲蓄金ノ補助ヲ請求スヘシ此場合ニ於テハ時トシテ内務大藏兩省ノ官吏ヲ派遣シ實際ヲ査閲スルコトアルヘシ

第七條　中央儲蓄金ヨリ補助ヲ要シタルトキ府縣知事ハ其顚末ヲ管下ヘ告示スヘシ

第八條　凡府縣儲蓄金ノ出納ハ毎半期報告書別紙第二號ノ式ニ因ルヘシヲ製シ上半期ハ十月中下半期ハ翌年四月中其地ヲ發シ大藏大臣ヘ差出スヘシ

第九條　府縣儲蓄金ノ出納ハ便宜ニ從ヒ出納簿現金米穀公債證書等ノ受拂ヲ總括スルモノヲ云フ及内譯簿現金米穀公債證書ノ所在ヲ分チ或ハ收支ノ科目ニ因リ出納ノ内譯ヲ明カニスル帳簿ヲ云フヲ製シ置キ常ニ其會計ヲシテ明瞭ナラシムヘシ

第十條　備荒儲蓄法第十條ニ因リ府縣儲蓄金ノ精算報告書別紙第三號ノ式ニ因ルヘシヲ製シ府縣會ヘ報告ノ後内務大藏兩大臣ヘ差出スヘシ

第十一條　大藏大臣ハ官吏ヲ派遣シ毎歳又ハ臨時ニ府縣儲蓄金或ハ貯積米ヲ檢査セシムヘキニ因リ府縣知事ハ現金預ケ金及米穀ノ所在報告書別紙第四號ノ式ニ因ルヘシヲ製シ毎年四

月中ニ大藏大臣ヘ差出スヘシ

第十二條　府縣儲蓄金或ハ貯積米ノ検査ハ大藏省派出官吏ノ便宜ニ因リ府縣知事ヘ通牒セス直ニ其所在ニ就キ檢査スルコトアルヘシ尤此場合ニ於テハ派出官吏ハ大藏大臣ノ命令書ヲ携帶スルモノトス

大藏省訓令第三十四號參照

第三十一號布告備荒儲蓄法（明治十三年六月十五日）抄錄

第四條　政府ヨリ補助スル金額ノ內三拾萬圓ハ中央儲蓄金トシテ大藏卿之ヲ管掌シ九拾萬圓ハ各府縣ノ地租額ニ應シテ之ヲ配付スヘシ

第七條　各府縣窮民ノ救助地租ノ補助及ヒ貸與ノ金額府縣ノ儲蓄金三分二以上ヲ供用支出スルトキハ府知事縣令ノ具申ニ依リ內務大藏兩卿ノ協議ヲ以テ中央儲蓄金ヨリ補助スヘシ

第十條　府知事縣令ハ毎年七月中ニ其府縣儲蓄金ノ出納ヲ內務大藏兩卿ニ報告シ兩卿ハ毎年中央及ヒ府縣儲蓄金ノ出納ヲ全國ニ公布スヘシ

○

內務省訓令第九號　明治二十三年三月十三日

附錄　內務省訓令第九號

北海道廳　府縣（奈良靜岡山梨島根和歌山德島愛媛沖繩ノ八縣ヲ除ク）

招魂社費並招魂社營繕費取扱順序左ノ通相定ム二十三年度以降右ニ照準取扱フヘシ

招魂社費招魂社營繕費取扱順序

一招魂社費並招魂社營繕費ノ內招魂社ニ屬スル金額ハ該招魂社受持神官ヘ下渡スヘシ

一招魂社營繕費ノ內墳墓ニ屬スル金額ハ墳墓監守者ヘ下渡スヘシ

一二十二年度以前該費ニ係ル殘金ハ各自ニ計算相立下渡スヘシ

但從前一管內彼此流用支出セシ金額ハ其儘打切互ニ償還ヲ爲スニ及ハス

一招魂社並墳墓費金ノ殘額ハ後來不足補充ノ爲メ積立置大藏省預金局又ハ遞信省爲換貯金局ヘ預入ヲ爲サシムヘシ

一招魂社並墳墓ヘ寄附金額モ右ニ準シ取扱ハシムヘシ

一招魂社並墳墓ヘ下渡金額ノ出納ハ其地方廳ニ於テ嚴密監督スヘシ

一招魂社並墳墓費金ノ收支ハ毎年度末ノ計算書差出サセ年度經過後二箇月ヲ限リ地方廳ヨリ內務省ヘ報告スヘシ

○

內務省訓令第十號　明治二十三年三月十三日

警視廳　府縣　集治監假留監

明治二十二年四月勅令第六十號會計規則本年四月一日以降實施ニ付テハ當省所管ニ係ル取扱方左ノ通心得ヘシ

一會計規則第九十六條ノ部局長ハ警視廳ハ總監府縣ハ知事集治監假留監ハ典獄ヲ以テス但島廳ハ島司ヲ以テ部局長ノ代理官ト爲スコトヲ得

一會計規則第六十七條第九十條第九十一條第九十二條第百條ノ檢査其他ノ官吏ハ部局長ニ於テ之ヲ命スルコトヲ得

一會計規則第三十條第四十九條ニ據リ毎月差出スヘキ收入報告書及支出報告書ハ翌月十日迄ニ該廳ヲ發シ當省ヘ差出スヘシ

一會計規則第九十八條ニ據リ現金前渡ヲ受ケタル官吏ヨリ差出スヘキ計算書ハ毎月一回トシ其仕拂ノ了リタル日ヨリ十日以內ニ提出スヘシ

內務省訓令第十號參照

勅令第六十號會計規則（明治二十二年五月一日官報）抄錄

第三十條　收入官吏ハ其收入ヲ記入スル帳簿ノ結果ニ據リ毎月收入報告書ヲ調製シ參照書類ヲ添ヘ各省大臣ノ定メタル期限ニ之ヲ其事務管理廳ニ送付スヘシ

第四十九條　會計主務官ハ其支出ヲ記入スル帳簿ノ結果ニ據リ毎月支出報告書ヲ調製シ參照書類ヲ添ヘ各省大臣ノ定メタル期限ニ之ヲ各省中央會計主務官ニ送付スヘシ

第六十七條　契約ニ據リ工事ノ既濟部分又ハ物品ノ既納部分ニ對シ完濟前ニ代價ノ一部分ヲ仕拂ハントスルトキハ各省大臣ハ特ニ檢査ノ官吏ヲ命シテ事實ヲ調定シ其調書ヲ作ラシムヘシ

仕拂命令官ハ前項ノ調書ニ據ルニアラサレハ仕拂命令ヲ發スルコトヲ得ス

第九十條　現金ヲ領收スル收入官吏及現金前渡ヲ受ケタル官吏交替ノトキハ本屬大臣ヨリ特ニ命シタル檢査員ノ立會ヲ以テ會計事務ノ引繼ヲ爲スヘシ

第九十一條、現金ヲ領收スル收入官吏及現金前渡ヲ受ケタル官吏ノ帳簿金櫃ハ毎年三月三十一日若クハ該官吏轉免死亡停職ノトキ本屬大臣檢査員ヲ命シテ之ヲ檢査セシムヘシ但臨時ニ現金前渡ヲ受ケタル官吏ノ帳簿金櫃ハ定時ノ檢査ヲ要セス

大藏大臣又ハ各省大臣ハ必要ト認ムルトキハ臨時ニ檢査員ヲ命シテ現金ヲ領收スル收入官吏及現金前渡ヲ受ケタル官吏ノ帳簿金櫃ヲ檢査セシムルコトアルヘシ

第九十二條　前條ノ檢査ヲ執行スルニ當リ主務ノ出納官吏事故ニ由リ自身檢査ヲ受クル能ハサルトキハ其代理者若クハ特ニ本屬大臣ノ命シタル官吏ニ於テ立會ヲ爲スヘシ

第九十六條　各省又ハ歲入ノ事務管理廳ノ部局長若クハ特ニ監督ノ任アル官吏ハ前條計算書ノ下檢査ヲ執行シ其下檢査書ヲ添ヘ之ヲ會計檢査院ニ送付スヘシ

第九十八條　現金前渡ヲ受タル官吏ハ會計檢査院ノ檢査判決ヲ受クル爲メ各省大臣ノ定ムル所ニ據リ每月一回若クハ數回經費仕拂ノ計算書ヲ調製シ證憑書類ヲ添ヘ仕拂命令官ニ送付シ仕拂命令官ハ其下檢査ヲ執行シ下檢査書ヲ添ヘ之ヲ會計檢査院ニ送付スヘシ但行軍費航海費ノ如キハ行軍若クハ航海ノ終リタルトキ本條ノ手續ヲ爲スコトヲ得

第百條　出納官吏死亡其他ノ事故ニ由リ自身ニ計算書ヲ調製スル能ハサルトキハ各省大臣特ニ命シタル官吏ヲシテ之ヲ調製セシムヘシ

出納官吏定期內ニ計算書ヲ送付セサルトキハ各省大臣ハ他ノ官吏ニ命シテ之ヲ調製セシムヘシ

本條ニ據リ調製シタル計算書ハ出納官吏ノ自身ニ調製シタルモノト見做シ會計檢査院ニ於テ檢査判決ヲ爲スヘシ

附錄　內務省訓令第十號

作業會計法○

明治二十三年三月十七日
勅令

法律第十七號

作業會計法

第一條　左ノ作業所ハ其事業ヲ經營スル爲メ固定資本据置運轉資本ヲ置キ作業上ノ收入及其附屬雜收入ハ作業直接ノ費用ニ充ルコトヲ許シ特別ノ會計ヲ立テシム但事務ニ屬スル作業間接ノ費用ハ總テ一般ノ會計ニ依ラシム

第一　造幣局

第二　印刷局

第三　富岡製絲所

第四　電信燈臺用品製造所

第五　廣島鑛山

第二條　各作業所ニ於テ從來使用シ及將來增加スル所ノ土地建物軌道其他築造道路船舶機械永遠保存品其他重要ナル器具ヲ以テ固定資本トナシ從來ノ營業資本額ヲ以テ据置運轉資本トス

第三條　各作業所特別會計ノ歲出額ハ豫算定額內ニ於テ實際ノ歲入及据置運轉資本ノ

合計額ヲ超過スルヲ許サス
第四條　固定資本ノ維持修理及補充ハ作業所特別會計ノ歳入ヲ以テ支辨スヘシ
第五條　作業所ノ純益及固定資本ニ屬スル物件ノ賣拂代金ハ總テ一般ノ歳入ニ編入スヘシ
第六條　政府ハ毎年各作業所特別會計ノ歳入歳出豫算ヲ調製シ歳入歳出ノ總豫算ト倶ニ之ヲ帝國議會ニ提出スヘシ
第七條　各作業所特別會計ノ收入支出ニ關スル規程ハ別ニ勅令ヲ以テ之ヲ定ム
第八條　本法ハ明治二十三年度ヨリ施行ス其帝國議會ニ關渉スルモノハ帝國議會開會後ノ會計年度ヨリ施行ス

○

陸軍作業會計法　勅令 明治二十三年三月十七日

法律第十八號

陸軍作業會計法

第一條　東京砲兵工廠大坂砲兵工廠及千住製絨所ハ其事業ヲ經營スル爲メ固定資本据置運轉資本ヲ置キ作業上ノ收入及其附屬雜收入ハ作業ノ費用ニ充ルコトヲ許シ特別

ノ會計ヲ立テシム

第二條　東京砲兵工廠大坂砲兵工廠ニ於テハ從來使用シ及將來增加スル所ノ機械其他重要ナル器具ヲ以テ固定資本トシ從來ノ營業資本額ヲ以テ据置運轉資本トス

千住製絨所ニ於テハ從來使用シ及將來增加スル所ノ土地建物機械其他重要ナル器具ヲ以テ固定資本トシ從來ノ營業資本額ヲ以テ据置運轉資本トス

第三條　東京及大坂砲兵工廠ハ職工人夫ノ諸費材料素品及機械運轉用品ノ購入費機械器具ノ維持修理及補充費工業場ノ雜費竝ニ損失金ヲ作業ノ歲出トス

千住製絨所ハ俸給諸給旅費廳費生產品販賣ノ諸費職工人夫ノ諸費材料素品及機械運轉用品ノ購入費土地建物ノ維持修理費機械器具ノ維持修理及補充費工業場ノ雜費竝ニ損失金ヲ作業ノ歲出トス

第四條　各作業所特別會計ノ歲出額ハ豫算定額內ニ於テ實際ノ歲入及据置運轉資本ノ合計額ヲ超過スルヲ許サス

第五條　作業所ノ純益及固定資本ニ屬スル物件ノ賣拂代金ハ總テ一般ノ歲入ニ編入スヘシ

第六條　政府ハ每年各作業所特別會計ノ歲入歲出豫算ヲ調製シ歲入歲出ノ總豫算ト俱ニ之ヲ帝國議會ニ提出スヘシ

第七條　豫算外ニ軍用品ノ製作修理ヲ要スル場合ニ於テ其費用ヲ補フ爲メ各作業所ノ歳出豫算ニ豫備費ヲ設ルコトヲ得

第八條　各作業所ニ於テ機械器具材料素品及機械運轉用品ヲ外國ヨリ買入ルルトキハ前金拂ヲ爲スコトヲ得

第九條　各作業所特別會計ノ收入支出ニ關スル規程ハ別ニ勅令ヲ以テ之ヲ定ム

第十條　本法ハ明治二十三年度ヨリ施行ス其帝國議會ニ關渉スルモノハ帝國議會開會後ノ會計年度ヨリ施行ス

○

鎭守府造船材料資金會計法　勅令 明治二十三年三月十七日

法律第十九號

鎭守府造船材料資金會計法

第一條　鎭守府造船工場ニ於テ船舶ヲ製造修理スル爲メニ要スル材料貯蓄ノ資本トシテ造船材料資金ヲ置キ特別ノ會計ヲ立テシム

第二條　造船材料資金ハ從來横須賀鎭守府小野濱造船所ニ備ヘタル營業資本ヲ以テ之ニ充ツ

第三條　造船材料資金ヲ以テ貯蓄シタル材料ヲ使用スルトキハ海軍省所管經費ヲ以テ之ヲ購入スヘシ
第四條　造船材料資金ヲ以テ貯蓄シタル材料ノ損減ハ豫メ歩合ヲ定メテ材料原價ニ加算スヘシ
第五條　毎會計年度ニ於テ造船材料資金特別會計ノ決算上該資金額ニ過剩ヲ生スルトキハ其過剩金ヲ同年度一般ノ歳入ニ編入スヘシ
第六條　政府ハ毎年造船材料資金特別會計ノ歳入歳出豫算ヲ調製シ歳入歳出ノ總豫算ト倶ニ之ヲ帝國議會ニ提出スヘシ
第七條　造船材料資金ノ收入支出ニ關スル規程ハ別ニ勅令ヲ以テ之ヲ定ム
第八條　本法ハ明治二十三年度ヨリ施行ス其帝國議會ニ關渉スルモノハ帝國議會開會後ノ會計年度ヨリ施行ス

○

官設鐵道會計法　勅令 明治二十三年三月十七日

法律第二十號

官設鐵道會計法

第一條　鐵道事業ヲ經營スル爲メ固定資本据置運轉資本ヲ置キ營業上ノ收入及其附屬雜收入ハ鐵道事業ノ費用ニ充ルコトヲ許シ特別ノ會計ヲ立テシム

第二條　鐵道事業ノ爲メ從來使用シ及將來增加スル所ノ土地軌道車輛停車場工場家屋機械其他重要ナル器具ハ其固定資本トシ從來ノ流動資本ハ其据置運轉資本トス

第三條　鐵道營業ニ要スル費用固定資本ノ維持修理及補充費竝ニ損失金ヲ鐵道事業ノ歲出トス

第四條　鐵道事業ノ純益及固定資本ニ屬スル物件ノ賣拂代金ハ總テ一般ノ歲入ニ編入スヘシ

第五條　政府ハ每年鐵道事業ノ歲入歲出豫算ヲ調製シ歲入歲出ノ總豫算ト俱ニ之ヲ帝國議會ニ提出スヘシ

第六條　鐵道事業ノ歲出額ハ豫算定額內ニ於テ實際ノ歲入及据置運轉資本ノ合計額ヲ超過スルヲ許サス

第七條　災害事變ニ因リ鐵道財產ニ大破損ヲ生シ豫算定額ヲ以テ修理スルニ足ラサル場合ニ於テ其費用ヲ補フ爲メ鐵道事業ノ歲出豫算ニ豫備費ヲ設ルコトヲ得

第八條　鐵道事業ノ收入支出ニ關スル規程ハ別ニ勅令ヲ以テ之ヲ定ム

第九條　本法ハ明治二十三年度ヨリ施行ス其帝國議會ニ關涉スルモノハ帝國議會開會

後ノ會計年度ヨリ施行ス

○

中央備荒儲蓄金、預金局預金、郵便貯金預所貯金、郵便爲替金特別會計法

明治二十三年三月十七日勅令

法律第二十一號

第一條　中央備荒儲蓄金、預金局預金、郵便貯金預所貯金、郵便爲替金ノ會計ハ特別トシテ一般ノ歳入歳出ト區分スヘシ

第二條　中央備荒儲蓄金ハ預金局ニ寄托シ其利子ハ之ヲ元金ニ編入スヘシ

第三條　備荒儲蓄法ニ依リ中央備荒儲蓄金ヲ使用セントスルトキハ其金額ヲ一般ノ歳入ニ組入レ一般ノ歳出トシテ之ヲ拂出スヘシ

第四條　預金局預金ハ日本銀行ヲシテ之レカ運用利殖ヲ取扱ハシメ其利殖金ヲ以テ利子ノ仕拂ニ充テ殘餘アルトキハ利子仕拂元金トシテ之ヲ積立預金ト共ニ運用利殖スヘシ

第五條　預金局預金ニ對シテ政府ヨリ仕拂フヘキ利子ハ其金額ヲ一般ノ歳入ニ組入レ一般ノ歳出トシテ之ヲ拂出スヘシ

第六條　郵便貯金預所貯金ハ預金局ニ寄托シ其利子ヲ貯金利子ノ仕拂ニ充ツヘシ
第七條　郵便爲替ヲ取扱フ爲メ特ニ爲替資本ヲ置キ從來ノ資本額ヲ以テ之ニ充ツヘシ
第八條　郵便條例第百四十七條第三項ニ依リ政府ノ所得ニ歸シタル郵便爲替金ハ一般ノ歳入ニ組入ルヘシ
第九條　預金局預金、郵便貯金預所貯金、郵便爲替金ノ收入支出ニ關スル規則ハ勅令ヲ以テ之ヲ定ム但勅令ヲ以テ之ヲ定ムルマテハ從前施行スル所ノ規程ニ依ルヘシ
第十條　本法ハ明治二十三年度ヨリ施行ス

○

大藏省訓令第三十七號　明治二十三年三月十八日

北海道廳　府縣沖繩縣ヲ除ク

國税中諸營業税及ヒ船税車税ヲ納ムル者ニシテ逃亡若クハ失踪シ納期限ヲ過キ滯納處分ヲ了シタル者次ノ納期ニ至リ徵税ノ手續ヲナスノ際尙ホ其所在ヲ知ル能ハサルトキハ廢業又ハ物件紛失ノ取扱ニ準シ國税臺帳ヨリ之ヲ除去スヘシ

○

金庫出納役

大藏省訓令第四十二號 明治二十三年三月二十日

金庫ニ遠隔ナル地方ヘ金庫員派出シ出納事務ヲ取扱フ場合ニ於テ毎日其出納ヲ金庫ノ諸帳簿ヘ登記シ能ハサル場所ハ大藏大臣ノ許可ヲ得テ金庫出納事務規程第五十九條ニ準シ其派出所ニ支金庫同樣ノ帳簿ヲ備ヘ計算整理スヘシ

各金庫ニ於テ歳入各廳內譯簿歳出各廳內譯簿雜部金內譯簿ハ現金ヲ納拂セシ各證憑書ヲ以テ登記スヘキ規程ノ處各金庫ノ中出納ノ事務輻湊シ又ハ金庫員各廳ヘ派出シテ出納ヲ取扱フ節等ニシテ證憑書ヲ以テ直ニ各內譯簿ヘ登記ナシ能ハサル場合アル金庫ハ特ニ其事由ヲ大藏大臣ヘ具申シ其認可ヲ得テ左ノ明細簿ヲ設置スルコトヲ得

第一　歳入金明細簿

書式甲乙兩號ノ內（本文甲乙號書式ノ內金庫ノ都合ニヨリ其一ヲ撰ミ認可ヲ請フモノトス）主管廳取扱廳收入官吏每ニ口座ヲ設ケ各證憑書一葉每ニ記入シ每日ノ合計ヲ以テ每日歳入各廳內譯簿ヘ移記スルモノトス

第二　歳出金明細簿

書式丙丁兩號ノ內（本文丙丁號書式ノ內金庫ノ都合ニヨリ其一ヲ撰ミ認可ヲ請フモノトス）主管廳支拂命令官每ニ口座ヲ設ケ各證憑書一葉每ニ記入シ每日ノ合計ヲ以テ每日歳出各廳內譯簿

ヘ移記スルモノトス

第三　雑部金明細簿

書式歳入出金明細簿ニ同シ

出納官吏毎ニ口座ヲ設ケ預ケ入レタルトキ及拂戻シタルトキ各證憑書一葉毎ニ記入シ毎日ノ合計ヲ以テ毎日雑部金内譯簿ヘ移記スルモノトス

但定額戻シ入ニ係ルモノハ直ニ雑部金内譯簿ヘ記入シ明細簿ハ設ケサルモノトス

第四　前一項二項ノ明細簿ハ歳入各廳内譯簿歳出各廳内譯簿ニ附屬セシメ一會計年度ノ完結ニ至ルマテ貫通登記スヘシ

「」ノ内及備考ハ總テ朱

「甲號」

備考

第一　更正拂ハ朱書ヲ以テ記入シ尚歳入合計ノ次ヘ其合計ヲ掲クヘシ
第二　本簿ハ各主管廳及取扱廳各收入官吏毎ニ口座ヲ設クルモノトス
第三　雜部金（受入）明細簿ハ本簿書式ニ準シ調製スヘシ
第四　用紙寸法トモ適宜

何年度

歳入金明細簿

何地本金庫

又ハ

何地支金庫

某廳主管　　　某廳　　收入官吏官氏名

年	月日	摘	要 證票番號	金額 圓	錢	厘
何	何	何ノ諸納	1	5,000	00	0
		合計		5,000	00	0

某廳主管（租稅）某廳　　收入官吏官氏名

年月日		摘要		金額		
			證票番號	圓	錢	厘
何	何	何ノ誰納	1	1,650	00	0
	”	何ノ誰納	2	100	00	0
	”	何ノ誰納	3	8,000	00	0
		合計		9,750	00	0
何	何	何ノ誰納		100	00	0
	”	何ノ誰納		50	00	0
		合計		150	00	0

「乙號」

何年度歳入金明細簿

備考
甲號書式ノ備考ニ同シ

何地本金庫
又ハ
何地支金庫

「祖税ノ分ニ限リ記入スルモノトス」

某廳主管（租稅）

某廳

收入官吏官氏名

「證憑書ノ番號ナリ以下之レニ同シ」

何年何月何日

第一號
一金千六百五拾圓也　何之誰納

第二號
一金百圓也　何之誰納

第三號
一金八千圓也　何之誰納

計金九千七百五拾圓也

「丙號」

何年度

歳出金明細簿

何地本金庫

又ハ

何地支金庫

備考

第一　定額戻入及更正納ハ朱書ヲ以テ記入シ尚歳出合計ノ次ヘ各合計ヲ掲クヘシ

第二　本簿ハ各主管廳及各仕拂命令官毎ニ口座ヲ設クルモノトス

第三　雜部金(拂出)明細簿ハ本簿書式ニ準シ調製スヘシ

第四　用紙寸法トモ適宜

年月日		摘要		金額		
			證票番號	圓	錢	厘

某廳主管　　　仕拂命令官官氏名

年月日		摘要		金額		
			證票番號	圓	錢	厘
何	何	何ノ證渡	1	10,000	00	0
	何	何ノ證渡	2	5,000	00	0
	何	何ノ證渡	3	1,000	00	0
		合計		16,000	00	0

「丁號」

何年度歳出金明細簿

備考
丙號書式ノ備考ニ同シ

何地本金庫
又ハ
何地支金庫

某廳主管
仕拂命令官官氏名

「證憑書ノ番號ナリ以下之ニ同シ」何年何月何日

「第一號」
一金壹萬圓也

何之誰 渡

第二號 一金五千圓也		何之誰渡
第三號 一金千圓也		何之誰渡
計金壹萬六千圓也		

大藏省訓令第四十二號參照

大藏省訓令第七十二號金庫出納事務規程（明治二十二年十二月二十日）抄錄

第五十九條　支金庫ハ左ノ帳簿ヲ備ヘ現金ノ出納ヲ登記スヘシ

第一　現金受拂簿

第二　歲入金各廳內譯簿

第三　歲出金仕拂令達差引簿

第四　歲出金各廳內譯簿

第五　歲出仕拂未濟繰越金內譯簿

第六　雜部金內譯簿

第七　雜部保管金案內引出切符差引簿

附錄　大藏省訓令第四十二號

○

大蔵省訓令第四十四號　明治二十三年三月二十二日

保管金受渡事務順序左ノ通相定メ本年四月一日ヨリ施行ス

　保管金受渡事務順序

第一條　明治二十三年勅令第二號ニ依リ預金局ニ寄托スル保管金ハ各地本支金庫ニ於テ此順序ニ據リ取扱フヘシ

第二條　取扱官廳ノ寄托通知書（第一書式）出納官吏身元保證金ハ拂込書ヲ以テ權理者ヨリ直チニ保管金ヲ寄托スルトキハ其現金ヲ領收シ保管證書（第二書式）ニ金員番記號等式ノ如ク記載調印シ之ヲ交附スヘシ

第三條　各官廳ヨリ保管金送附書（第三書式）ヲ以テ保管金ヲ寄托スルトキハ其現金ヲ領收シ保管金領收證書（第四書式）ニ金員番記號等式ノ如ク記載調印シ之ヲ交附スヘシ

第四條　各官廳ヨリ保管金ヲ寄托スルニ由リ其官廳及取扱主任官吏ノ印鑑ヲ差出シタルトキハ爾後受渡ノ照合ニ供置スヘシ

第五條　寄托通知書及送附書ニハ受入濟年月日金庫各保管證書又ハ領收證書ノ番記號

ヲ記入シ且數人ノ權理者ニ屬スル保管金ヲ取纒メテ寄托シタル分ニ係ル別紙アルトキハ之ヲ添ヘ中央金庫ヲ經テ預金局ヘ送致スヘシ

第六條　權利者ヨリ取扱官廳ノ裏書（第五書式）ヲナシタル保管證書ヲ以テ拂戻ヲ要セハ其裏書ノ印章ヲ印鑑帳ニ照合シ相違ナキヲ認メ之レト引替ニ現金ヲ拂渡スヘシ但其證書及證書扣ニ拂渡濟年月日ヲ記入スヘシ

第七條　各官廳ヨリ寄托シタル保管金ニシテ其官廳ノ拂戻金證明書（第六書式）ニ權利者ノ裏書ヲナシタルモノヲ以テ拂戻ヲ要セハ其證明書ノ印章ヲ印鑑帳ニ照合シ相違ナキヲ認メ之レト引替ニ現金ヲ拂渡スヘシ但證明書ニハ渡濟年月日ヲ記入シ置クヘシ

第八條　各官廳ノ收入官吏ヨリ取扱官廳ノ裏書ヲナシタル保管證書ヲ以テ一般歳入トシテ納入シタルトキハ預金ノ拂戻ニタテ歳入ノ手續ヲナスヘシ

第九條　取扱官廳ヨリ保管證書ニ事由書ヲ添ヘ該證書ノ分割ヲ要セハ新ニ保管證書二通ヲ調製シ舊證書ト引替フヘシ但シ舊證書及證書扣ニ引替濟年月日ヲ記入シ其事由書ニハ引替濟年月日金庫名保管證書ノ新舊番記號ヲ記入シ之ヲ中央金庫ヲ經テ預金局ヘ送附スヘシ

第十條　取扱官廳ノ裏書ヲナサヽル保管證書ヲ亡失シタルニヨリ更ニ證書ノ下渡シヲ請フトキハ其事由ヲ詳記セル書面ヲ差出サセ事實相違ナキヲ認メ新ニ保管證書ヲ製

シ之レニ再渡ノ印章ヲ捺シ交附スヘシ但舊證書扣ニハ亡失ノ旨記載シ且再渡ノ年月日ヲ記入シ其書面ニハ再渡濟ノ年月日金庫名保管證書ノ新舊番記號ヲ記入シ之ヲ中央金庫ヲ經テ預金局ヘ送附スヘシ

第十一條　取扱官廳ノ裏書ヲナシタル保管證書ヲ亡失シタルニ由リ保證人ノ調印シタル本人ノ事由書ニ取扱官廳ノ證明書ヲ添ヘ指出セハ其證明書ノ印章ヲ印鑑帳ニ照合シ相違ナキヲ見認メ之レト引替ニ現金ヲ拂渡スヘシ但證書扣ニ亡失ノ旨記載シ且渡濟年月日ヲ記入シ其事由書ニハ渡濟年月日金庫名保管證書ノ番記號ヲ記入シ之ヲ中央金庫ヲ經テ預金局ヘ送附スヘシ

第十二條　保管證書ヲ汚染毀傷シ其要點ヲ見認メ難キニ至リタルモノハ第十條第十一條ニ準シテ引替ヘシ

第十三條　各地金庫ヘ寄托シタル保管金ニシテ其保管證書又ハ領收證書ニ對シ預金局ニ於テ拂戻ヲナシタルトキ及期滿失効ニ至リ預金局ニ於テ歲入ノ處分ヲ了セハ其旨中央金庫ヲ經テ其金庫ヘ通報スヘシ金庫ハ其通知ヲ受ケタルトキ其事由ヲ證書扣ヘ記入スヘシ

第十四條　各地金庫ニ於テ毎日受ケ入タル保管金ハ預金受渡事務順序第二十八條ニ據リ其拂戻金ハ同第三十條ニ據リ取扱フヘシ

第十五條　保管金ヲ受入レタルトキ預金受渡事務順序第三十二條ニ據リ預金受入簿ニ記入スヘシ

第十六條　保管金ヲ拂戻ストキ預金受渡事務順序第三十三條ニ據リ預金拂戻簿ノ即時拂ノ項ニ記入シ尚同第三十四條ニ據リ預金即時拂戻豫算額差引簿ニ記入スヘシ

第十七條　保管證書及保管金領收證書ノ記號ハ預金ノ記號ニ據リ其番號ハ預金通帳及定期預金證書ト區分シ別段ニ各交附スル順次ニ附スヘシ

第十八條　保管證書及保管金領收證書用紙ヲ預金局ヨリ受ケタルトキ又之ヲ使用セシトキハ預金受渡事務順序第三十七條ニ據リ通帳及定期證書用紙受渡帳ニ各其項ヲ設ケ記載スヘシ

第十九條　各金庫ニ於テ使用スル左ノ用紙ハ預金局ヨリ之ヲ下渡スヘシ

一保管證書

一保管金領收證書

第二十條　各金庫ニ於テ使用シタル前條ノ用紙ハ預金受渡事務順序第四十四條ニ據リ報告書ヲ調製スヘシ但シ廢棄セシ用紙モ同條ニ據ルヘシ

「第一書式(寄托通知書)」

「」ノ內及印章ハ孰モ朱

寄托通知書

府縣郡市町村番地

何　某

一金何程也

保管金ノ事由「（何々工事受負身元保證金等）」

利率

期限

右保管ノ爲メ納附セシメ候也

年月日

何廳　印

取扱主任

官氏名　印

何地何金庫

「第二書式（保管證書）。」

第何號

保管證書何年何月何日「（分割ノトキノ例）」

第何號金何圓ノ内分割

何年何月何日第何號金何圓ノ「（亡失又ハ汚染毀傷ノトキ再渡ノ例）」

保管證書亡失（又ハ汚染毀損）ニ付再渡

一金何程也

府縣郡市町村番地

何　某

取扱官廳
保管金ノ事由
利率
期限

寄托年月日	拂戻年月日

割印

第何號

保管證書

此證書ハ賣買讓與又ハ書入質入スルヲ得ス

保管證書何年何月何日「（分割ノトキノ例）」
第何號金何圓ノ内分割

何年何月何日第何號金何圓ノ「（亡失又ハ汚染毀傷ノトキ再渡ノ例）」
保管證書亡失（又ハ汚染毀傷）ニ付再渡

一金何程也

取扱官廳
保管金ノ事由
利率

右保管候也

期限

年　月　日

何某殿

何地何金庫　印

「第三書式（保管金送附書）」

保管金送附書

一金何程也

保管金ノ事由

權利者ノ氏名「（數人ノ權利者ニ屬シ別紙ニ認ムルトキハ其旨記載スヘシ）」

期滿失効ノ年月日

右保管ノ爲メ及送附候也

年　月　日

何廳　印

取扱主任

官氏名　印

何地何金庫

「第四書式（保管金領收證書）」

第何號

一金何程也

保管金ノ事由

權利者ノ住所氏名「（別紙ニ數人ノ氏名ヲ記スルモノハ其旨認ムヘシ）」

期滿失効ノ年月日

領收ノ年月日

何廳

官氏名

割印

第何號

保管金領收證

一金何程也

保管金ノ事由

期滿失効ノ年月日

右領收候也

年月日

何廳

官氏名殿

何地何金庫印

「第五書式（保管證書裏書）」

表書金額何々ニ付府縣郡市町村番地某ニ於テ拂戻シヲ受クヘキ事ヲ證ス

年月日

何廳印

取扱主任

官氏名印

「第六書式（拂戻金證明書）」

拂戻金證明書

何地何金庫

保管金領收證書

第何號

一金何程也

保管金ノ事由

保管金領收證書ノ年月日

利率

前書ノ金額何々ニ付府縣郡市町村番地某ニ於テ拂戻シヲ受クヘキ事ヲ證ス

年　月　日

何廳　印

取扱主任

官　氏　名　印

○紙幣交換基金特別會計法 明治廿三年三月二十八日 勅令

法律第二十四號

紙幣交換基金特別會計法

第一條　從來政府ニ於テ發行シタル紙幣ヲ廢止スル爲メ紙幣交換基金ヲ置キ漸次之ヲ交換セシム

第二條　政府所有ノ準備金壹千萬圓ハ之ヲ紙幣交換基金ニ組入ルヘシ

第三條　紙幣交換基金ノ會計ハ特別トシテ一般ノ歳入歳出ト區分スヘシ

第四條　每年度ニ於テ紙幣交換基金ノ交換未濟トナリタルモノハ漸次之ヲ翌年度ヘ繰越スヘシ

第五條　紙幣交換基金ノ收入支出ニ關スル規則ハ別ニ勅令ヲ以テ之ヲ定ム

第六條　本法ハ明治二十三年四月一日ヨリ施行ス

○鎖店銀行紙幣交換基金特別會計法 明治廿三年三月廿八日 勅令

法律第二十五號

鎖店銀行紙幣交換基金特別會計法

第一條　國立銀行條例第九十八條ニ於テ定メタル鎖店銀行紙幣交換基金ノ會計ハ特別トシテ一般ノ歳入歳出ト區分スヘシ

第二條　毎年度ニ於テ鎖店銀行紙幣交換基金ノ交換未濟トナリタルモノハ漸次之ヲ翌年度ヘ繰越スヘシ

第三條　鎖店銀行紙幣交換基金ノ收入支出ニ關スル規則ハ別ニ勅令ヲ以テ之ヲ定ム

第四條　本法ハ明治二十三年四月一日ヨリ施行ス

○

官立學校及圖書館會計法

勅令　明治廿三年三月廿八日

法律第二十六號

官立學校及圖書館會計法

第一條　文部省直轄學校及圖書館竝農商務省所管東京農林學校ハ資金ヲ所有シ政府ノ支出金資金ヨリ生スル收入授業料寄付金及其他ノ收入ヲ以テ其歳出ニ充ツルコトヲ許シ特別ノ會計ヲ立テシム

第二條　學校及圖書館ノ資金ハ從來所有スル蓄積金政府ヨリ交付シ若クハ他ヨリ寄付

シタル動産不動産及歳入殘餘ヨリ成ルモノトス
第三條　敎員事務員ノ俸給諸給旅費器具器械圖書標本費授業費試驗費生徒ニ關スル諸費事務處費營繕費雜支出其他寄付者ノ指定シタル費途ヲ以テ學校及圖書館ノ歳出トス
第四條　學校及圖書館ノ寄付金ニシテ特ニ用途ヲ指定シタルモノハ其約束ニ從ヒ之ヲ使用シ其會計ハ別ニ之ヲ整理スヘシ
第五條　政府ハ毎年各學校及圖書館ノ歳入歳出豫算ヲ調製シ歳入歳出ノ總豫算ト倶ニ之ヲ帝國議會ニ提出スヘシ
第六條　學校及圖書館ノ收入支出ニ關スル規程ハ別ニ勅令ヲ以テ之ヲ定ム
第七條　本法ハ明治二十三年度ヨリ施行ス其帝國議會ニ關渉スルモノハ帝國議會開會後ノ會計年度ヨリ施行ス

○

官立學校及圖書館會計規則 勅令 明治廿三年三月廿八日

勅令第五十三號

官立學校及圖書館會計規則

第一章　資金

第一條　資金ヲ分テ左ノ二種トス

　第一　維持資金

　第二　特別資金

維持資金ヨリ生スル利子其他ノ收入ハ學校一般ノ經費ニ充ツルモノトス

特別資金ヨリ生スル利子其他ノ收入ハ特定ノ用途ニ充テ其殘餘ハ該資金ノ增殖ニ充ツルモノトス

第二條　資金ハ所管大臣之ヲ管理スヘシ

第三條　資金ハ之ヲ支消スルコトヲ得ス但特別資金ニ限リ用途指定者ノ同意ヲ以テ元金ヲ使用スルコトヲ得

第四條　資金ニ屬スル現金ハ總テ預金局ニ寄託スヘシ

第五條　資金ニ屬スル現金ヲ以テ不動產公債證書其他ノ證券ニ換ヘ又ハ資金ニ屬スル不動產公債證書其他ノ證券ヲ離權シ又ハ他ノ不動產公債證書其他ノ證券ニ換ヘントスルトキハ所管大臣ハ大藏大臣ニ協議シテ之ヲ定ムヘシ但寄付ニ係ル不動產ハ寄付者ノ承諾ヲ得ルニアラサレハ離權スルコトヲ得ス

第六條　資金ニ屬スル現金ノ會計ハ別途ノ歲入歲出トシテ之ヲ整理スヘシ

第二章　歳入歳出

第七條　左ノ諸收入ヲ以テ學校ノ經常歳入トス

第一　政府ノ支出金

第二　授業料及試驗料

第三　寄付金

第四　公債證書及諸證券ノ利子又ハ配當金

第五　土地家屋ノ貸付料

第六　實驗用生產品賣拂代

第七　雜收入

第八條　左ノ諸費ヲ以テ學校ノ經常歳出トス

第一　敎員事務員ノ俸給諸給及旅費

第二　學術用器具器械圖書及標本費

第三　授業費及試驗費

第四　奬學費

第五　生徒費

第六　事務所費

第七　營繕費
第八　雜支出
第九條　左ノ諸收入ヲ以テ圖書館ノ經常歳入トス
第一　政府ノ支出金
第二　書籍借覽料
第三　寄附金
第四　公債證書及諸證劵ノ利子又ハ配當金
第五　土地家屋ノ貸付料
第六　雜收入
第十條　左ノ諸費ヲ以テ圖書館ノ經常歳出トス
第一　事務員ノ俸給諸給及旅費
第二　圖書費
第三　閲覽室費
第四　事務所費
第五　營繕費
第六　雜支出

第十一條　經常歲出ハ經常歲入ヲ以テ之ヲ支辨スヘシ臨時ノ歲出ニ充ツル所ノ財源ハ其都度之ヲ定ム

第三章　豫算決算

第十二條　歲入歲出豫定計算書ハ所管大臣之ヲ調製シ前年度六月三十日マテニ各省豫定經費要求書ト俱ニ之ヲ大藏大臣ニ送付スヘシ

第十三條　所管大臣ハ其年三月三十一日現在ノ資金明細目錄ヲ調製シ每年度ノ豫算ニ添付スヘシ

第十四條　歲入歲出ノ決定計算書ハ所管大臣之ヲ調製シ翌年度八月三十一日マテニ之ヲ大藏大臣ニ送付スヘシ

第十五條　歲入歲出ノ豫定計算書及決定計算書ハ款項ニ區分シ成ルヘク歲入ノ性質歲出ノ用途ヲ明示スヘシ

第十六條　經費ノ所要ヲ明ニスル爲メ款項ノ金額ヲ細分シタル豫算明細書及決算明細書ヲ調製シ豫定計算書又ハ決定計算書ニ添付スヘシ

第四章　收入支出

第十七條　歲入歲出ノ豫算ハ決定ノ後所管大臣學校長若クハ圖書館長ニ命シテ之ヲ執行セシムヘシ

第十八條　學校及圖書館會計主任ノ官吏ハ收入官吏トシテ會計規則第二十五條第二十六條第二十八條若クハ第二十九條ノ手續ニ依リ學校又ハ圖書館ノ收入ヲ取扱ヒ學校長又ハ圖書館長之ヲ監督スヘシ

第十九條　學校長又ハ圖書館長ハ經費ヲ支出スル爲メ仕拂命令官ノ責任ヲ以テ金庫ニ向ヒテ仕拂請求書ヲ發スヘシ

第二十條　學校長又ハ圖書館長ハ正當債主若クハ其代理人ノ爲メニスルニアラサレハ仕拂請求書ヲ發スルコトヲ得ス

在外國人又ハ學術研究旅行者ニ物品ノ購買ヲ委托スル場合ニ於テハ其委托ヲナシタル在外國人又ハ旅行者ヲ請取人トシテ仕拂請求書ヲ發シ概算ヲ以テ現金ヲ交付スルコトヲ得

學術試驗品標本品購入費奬學費生徒費事務所費ニ限リ所管大臣ノ定ムル所ニ依リ身元保證金額ノ二倍ヲ極度トシ學校會計主任ノ官吏ニ現金ノ前渡ヲナスコトヲ得

所管大臣ハ前項ニ依リ現金前渡ヲナスヘキ費目及金額ヲ定メタルトキハ之ヲ大藏大臣ニ通知スヘシ

第二十一條　學校長又ハ圖書館長ハ總テ仕拂請求書ヲ發スル前其支出ハ正當ニシテ必要ナルヤヲ調査シ其金額ヲ算定シ、又其支出ハ豫算ニ違フコトナキヤ支出科目及所屬

年度ヲ誤ルコトナキヤヲ調査スヘシ

第二十二條　學校長又ハ圖書館長ハ歲出豫算明細書ニ定メタル費目ノ彼是流用ヲ要スルトキハ所管大臣ノ認可ヲ受クヘシ

第二十三條　仕拂請求書ニハ受取人ノ氏名（概算渡現金前渡ノ場合ニハ受取人ノ資格トモ）仕拂ヲ要スル金額支出科目年度番號支出ノ目的ヲ記載スヘシ但俸給生徒給與ニ限リ集合仕拂請求書トシテ別ニ各受取人ノ金額氏名表ヲ添ユルコトヲ得

第二十四條　學校長又ハ圖書館長ノ發シタル仕拂請求書取扱ノ手續ハ會計規則第三十五條第三十六條第三十八條仕拂命令取扱ノ例ニ依ル

第二十五條　各年度ノ歲出ニ屬スル仕拂請求書ヲ發スルハ翌年度四月三十日ヲ限リトス

第二十六條　現金前渡ヲ受ケタル官吏監督ノ規則ハ大藏大臣所管大臣ニ協議シテ之ヲ定ムヘシ

第二十七條　金庫ニ於テ仕拂請求書ニ對シテ仕拂ヲ執行シ又ハ之ヲ拒絕スルハ會計規則第四十三條第四十五條第四十六條仕拂命令取扱ノ例ニ依ル

第二十八條　收入官吏ハ其收入ヲ記入スル帳簿ノ結果ニ據リ每月收入報告書ヲ調製シ參照書類ヲ添ヘ翌月五日マテニ所管大臣ヲ經由シテ之ヲ大藏大臣ニ送付スヘシ

第二十九條　會計主務官ハ其支出ヲ記入スル帳簿ノ結果ニ據リ毎月支出調定濟報告書ヲ調製シ參照書類ヲ添ヘ翌月五日マテニ所管大臣ヲ經由シテ之ヲ大藏大臣ニ送付スヘシ

第五章　年度繰越歲入殘餘

第三十條　毎年度內ニ於テ仕拂フヘキ義務ヲ生シ債主ノ支出請求ナキカ若クハ事故アリテ翌年度四月三十日マテニ仕拂請求書ヲ發セサルモノ及仕拂請求書ヲ發シタルモ同日マテニ金庫ニ於テ仕拂請求ヲ受ケタルモノハ支出未濟又ハ仕拂未濟トシテ翌年度ニ繰越シ計算ヲナスヘシ

第三十一條　工事又ハ製造費ニシテ年度內ニ仕拂義務ヲ生セス仕拂請求書ヲ發スルニ至ラサリシモノハ之ヲ翌年度ニ繰越スコトヲ得

第三十二條　所管大臣ハ學校又ハ圖書館ノ經費ヲ繰越サントスルトキハ年度經過後一箇月以內ニ繰越計算書ヲ作リ必要ノ參照書類ヲ添ヘ大藏大臣ノ承認ヲ經ヘシ

第三十三條　大藏大臣ハ前條繰越ヲ承認シタルトキハ之ヲ會計檢査院ニ通知スヘシ

第三十四條　特ニ用途ヲ指定シタル寄付金ニシテ別途整理ヲ要スルモノヽ毎年度內ニ仕拂請求書ヲ發スルニ至ラサリシ殘額ハ總テ翌年度ヘ繰越シ使用スヘシ其仕拂請求書ヲ發シテ年度內ニ金庫ニ於テ仕拂ヲ終ラサリシモノハ第三十條仕拂未濟金整理ノ

例ニ依ル但本條ノ支出殘額及仕拂未濟金ハ寄付者ノ同意ヲ得テ資金トナスコトヲ得

第三十五條　第三十條ニ依リ繰越シタル支出未濟及仕拂未濟ノ金額ニシテ會計法第十八條ニ依リ期滿免除トナリタルモノハ總テ資金ニ組入ルヘシ

第三十六條　毎年度ノ歳入中仕拂濟額及繰越額ヲ扣除シタル殘餘ハ總テ資金ニ組入ルヘシ

第六章　工事及物件ノ賣買貸借

第三十七條　工事及物件ノ賣買貸借ニ關スル規則ハ會計規則第七章ノ例ニ依ル

第七章　出納官吏

第三十八條　出納官吏ニ關スル規則ハ會計規則第八章ノ例ニ依ル

第八章　帳簿

第三十九條　大藏省ハ各學校圖書館會計ノ主計簿ヲ備ヘ歳入ノ豫算額確定額收入濟額收入未濟額歳出ノ豫算額確定額支出濟額支出未濟額ヲ登記スヘシ

第四十條　收入官吏ハ收入簿ヲ備ヘ歳出ノ豫算額確定額收入濟額收入未濟額ヲ登記スヘシ

第四十一條　會計主務官ハ支出簿ヲ備ヘ歳出ノ豫算額確定額支出調定濟額支出調定未濟額ヲ登記スヘシ

第四十二條　會計主任ノ官吏ハ現金出納簿ヲ備ヘ一切其取扱タル現金ノ出納ヲ登記スヘシ

第九章　雜則

第四十三條　本規則ニ依リ出納官吏ヨリ會計檢査院ニ提出スル所ノ證明書ニ關スル規程樣式ハ會計檢査院ニ於テ之ヲ定ムヘシ

第四十四條　前條ノ外本規則ニ揭クル諸書類帳簿ノ樣式ハ大藏大臣之ヲ定ムヘシ

第四十五條　所管大臣ハ部下ノ高等官ヲ以テ學校會計監理官トシ學校ノ會計ヲ監督セシムヘシ

第四十六條　本規則ハ明治二十三年四月會計法施行ノ日ヨリ施行ス
本規則ト牴觸スル命令ハ總テ本規則施行ノ日ヨリ廢止ス

會計法釋義終

跋

古人有言曰疑者事之賊也凡百之事苟疑則不能決行乃使遲留淹滯遂至失機誤事故曰事之賊也客歲二月政府定會計法也文簡意深往往有使人生疑義者焉余以承乏計官之末屢受質疑而不能自判決者不爲尠因竊望有識者善爲解釋以益于世有日於茲頃者僚友北島石渡德山三君相與謀著會計法釋義以示余且請跋焉余受而讀之其解無一不當竅宿疑頓解將與同感者免遲留淹滯失機誤事之患其爲惠實多矣而此擧既適余之素望

二

且不成於他人而成於僚友之手余之喜可知也因不顧淺劣書蕪言於卷尾

明治廿三年二月一日

藤井　鼎謹識

明治二十三年四月十日印刷并出版

著作者　東京府平民　北島兼弘　下谷區煉塀町貳十番地

同　福井縣士族　石渡傳藏　神田駿河臺南甲賀町八番地

同　東京府士族　德山銓一郎　麹町區飯田河岸第壹號地

發行兼印刷者　兵庫縣士族　長尾景弼　芝區三田壹丁目三十六番地

發行所

東京銀座四丁目　博聞本社

大阪備後町四丁目　博聞分社

千葉縣下千葉町　博聞分社

埼玉縣下浦和町　博聞分社

福岡縣下博多中島町　博聞分社

兵庫縣下龍野　博聞社代理店

大販賣所

東京神田南神保町　博弘堂
神戸相生橋東詰　熊谷久榮堂
尾州名古屋本町　片野東四郎
駿州靜岡江川町　廣瀬文林堂
信州長野町　西澤喜太郎
福島縣福島　石川支店
陸前仙臺大町　木村文助
函館末廣町　魁文社
越後長岡　目黑十郎
加州金澤　牧野一平
伊豫松山港町　土肥與平
備前岡山　森禎藏
藝州廣島大手通一丁目　早速社
肥後熊本　長崎次郎
薩州鹿兒島六日町通中町　吉田幸兵衛
阿波德島　阪井萬吉
播州龍野　横山書店

販賣所

東京日本橋通三丁目　丸善書店
東京神田表神保町　中西屋邦太
東京表神保町　日本法律雜誌社
東京南神保町　須原鐵二
東京神田小川町　集成社
西京東洞院三條上ル　村上勘兵衛
西京佛光寺通烏丸東ヘ入ル　東枝吉兵衛
西京河原町通　大黒屋太郎右衛門
西京寺町通五條上ル　飯田信文堂
大阪本町四丁目　岡島眞七
大阪心齋橋通二丁目　松村九兵衛
大阪備後町四丁目　吉岡平助
横濱辨天通四丁目　丸善書店
肥前長崎引地町　鶴野常藏
越後新潟古町通二番町　井筒駒吉
濃州岐阜　三浦源助
紀州和歌山北町　津田源兵衛
越前福井照手上町　岡崎左喜助
備前岡山　細謹社
雲州松江本町　園山喜三右衛門
陸奥弘前土手町　野崎九兵衛
伊豫松山湊町　向井藏次郎

會計法釋義　　日本立法資料全集　別巻 1222

平成31年３月20日　　復刻版第１刷発行

著　者　北　島　兼　弘
石　渡　傳　藏
徳　山　銓　一　郎

発行者　今　井　　貴
渡　辺　左　近

発行所　信　山　社　出　版
〒113-0033　東京都文京区本郷６-２-９-102
モンテベルデ第２東大正門前
電　話　03（3818）1019
ＦＡＸ　03（3818）0344
郵便振替　00140-2-367777（信山社販売）

Printed in Japan.

制作／(株)信山社，印刷・製本／松澤印刷・日進堂

ISBN 978-4-7972-7340-3 C3332

別巻　巻数順一覧【950 ～ 981 巻】

巻数	書　名	編・著者	ISBN	本体価格
950	実地応用町村制質疑録	野田藤吉郎、國吉拓郎	ISBN978-4-7972-6656-6	22,000 円
951	市町村議員必携	川瀬周次、田中迪三	ISBN978-4-7972-6657-3	40,000 円
952	増補 町村制執務備考 全	増澤鐵、飯島篤雄	ISBN978-4-7972-6658-0	46,000 円
953	郡区町村編制法 府県会規則 地方税規則三法綱論	小笠原美治	ISBN978-4-7972-6659-7	28,000 円
954	郡区町村編制 府県会規則 地方税規則新法例纂 追加地方諸要則	柳澤武運三	ISBN978-4-7972-6660-3	21,000 円
955	地方革新講話	西内天行	ISBN978-4-7972-6921-5	40,000 円
956	市町村名辞典	杉野耕三郎	ISBN978-4-7972-6922-2	38,000 円
957	市町村吏員提要〔第三版〕	田邊好一	ISBN978-4-7972-6923-9	60,000 円
958	帝国市町村便覧	大西林五郎	ISBN978-4-7972-6924-6	57,000 円
959	最近検定 市町村名鑑 附 官国幣社 及 諸学校所在地一覧	藤澤衛彦、伊東順彦、増田穆、関惣右衛門	ISBN978-4-7972-6925-3	64,000 円
960	鼇頭対照 市町村制解釈 附 理由書 及 参考諸布達	伊藤寿	ISBN978-4-7972-6926-0	40,000 円
961	市町村制釈義 完　附 市町村制理由	水越成章	ISBN978-4-7972-6927-7	36,000 円
962	府県郡市町村 模範治績　附 耕地整理法 産業組合法 附属法令	荻野千之助	ISBN978-4-7972-6928-4	74,000 円
963	市町村大字読方名彙〔大正十四年度版〕	小川琢治	ISBN978-4-7972-6929-1	60,000 円
964	町村会議員選挙要覧	津田東璋	ISBN978-4-7972-6930-7	34,000 円
965	市制町村制 及 府県制　附 普通選挙法	法律研究会	ISBN978-4-7972-6931-4	30,000 円
966	市制町村制註釈 完　附 市制町村制理由〔明治21年初版〕	角田真平、山田正賢	ISBN978-4-7972-6932-1	46,000 円
967	市町村制詳解 全　附 市町村制理由	元田肇、加藤政之助、日鼻豊作	ISBN978-4-7972-6933-8	47,000 円
968	区町村会議要覧 全	阪田辨之助	ISBN978-4-7972-6934-5	28,000 円
969	実用 町村制市制事務提要	河邨貞山、島村文耕	ISBN978-4-7972-6935-2	46,000 円
970	新旧対照 市制町村制正文〔第三版〕	自治館編輯局	ISBN978-4-7972-6936-9	28,000 円
971	細密調査 市町村便覧(三府 四十三県 北海道 樺太 台湾 朝鮮 関東州)　附 分類官公衙公私学校銀行所在地一覧表	白山榮一郎、森田公美	ISBN978-4-7972-6937-6	88,000 円
972	正文 市制町村制 並 附属法規	法曹閣	ISBN978-4-7972-6938-3	21,000 円
973	台湾朝鮮関東州 全国市町村便覧 各学校所在地〔第一分冊〕	長谷川好太郎	ISBN978-4-7972-6939-0	58,000 円
974	台湾朝鮮関東州 全国市町村便覧 各学校所在地〔第二分冊〕	長谷川好太郎	ISBN978-4-7972-6940-6	58,000 円
975	合巻 佛蘭西邑法・和蘭邑法・皇国郡区町村編成法	箕作麟祥、大井憲太郎、神田孝平	ISBN978-4-7972-6941-3	28,000 円
976	自治之模範	江木翼	ISBN978-4-7972-6942-0	60,000 円
977	地方制度実例総覧〔明治36年初版〕	金田謙	ISBN978-4-7972-6943-7	48,000 円
978	市町村民 自治読本	武藤榮治郎	ISBN978-4-7972-6944-4	22,000 円
979	町村制詳解　附 市制及町村制理由	相澤富蔵	ISBN978-4-7972-6945-1	28,000 円
980	改正 市町村制 並 附属法規	楠綾雄	ISBN978-4-7972-6946-8	28,000 円
981	改正 市制 及 町村制〔訂正10版〕	山野金蔵	ISBN978-4-7972-6947-5	28,000 円

別巻　巻数順一覧【915 ～ 949 巻】

巻数	書　名	編・著者	ISBN	本体価格
915	改正 新旧対照市町村一覧	鍾美堂	ISBN978-4-7972-6621-4	78,000 円
916	東京市会先例彙輯	後藤新平、桐島像一、八田五三	ISBN978-4-7972-6622-1	65,000 円
917	改正 地方制度解説〔第六版〕	狭間茂	ISBN978-4-7972-6623-8	67,000 円
918	改正 地方制度通義	荒川五郎	ISBN978-4-7972-6624-5	75,000 円
919	町村制市制全書 完	中嶋廣蔵	ISBN978-4-7972-6625-2	80,000 円
920	自治新制 市町村会法要談 全	田中重策	ISBN978-4-7972-6626-9	22,000 円
921	郡市町村吏員 収税実務要書	荻野千之助	ISBN978-4-7972-6627-6	21,000 円
922	町村至宝	桂虎次郎	ISBN978-4-7972-6628-3	36,000 円
923	地方制度通 全	上山満之進	ISBN978-4-7972-6629-0	60,000 円
924	帝国議会府県会郡会市町村会議員必携 附関係法規 第1分冊	太田峯三郎、林田亀太郎、小原新三	ISBN978-4-7972-6630-6	46,000 円
925	帝国議会府県会郡会市町村会議員必携 附関係法規 第2分冊	太田峯三郎、林田亀太郎、小原新三	ISBN978-4-7972-6631-3	62,000 円
926	市町村是	野田千太郎	ISBN978-4-7972-6632-0	21,000 円
927	市町村執務要覧 全 第1分冊	大成館編輯局	ISBN978-4-7972-6633-7	60,000 円
928	市町村執務要覧 全 第2分冊	大成館編輯局	ISBN978-4-7972-6634-4	58,000 円
929	府県会規則大全　附 裁定録	朝倉達三、若林友之	ISBN978-4-7972-6635-1	28,000 円
930	地方自治の手引	前田宇治郎	ISBN978-4-7972-6636-8	28,000 円
931	改正 市制町村制と衆議院議員選挙法	服部喜太郎	ISBN978-4-7972-6637-5	28,000 円
932	市町村国税事務取扱手続	広島財務研究会	ISBN978-4-7972-6638-2	34,000 円
933	地方自治制要義 全	末松偕一郎	ISBN978-4-7972-6639-9	57,000 円
934	市町村特別税之栞	三邊長治、水谷平吉	ISBN978-4-7972-6640-5	24,000 円
935	英国地方制度 及 税法	良保両氏、水野遵	ISBN978-4-7972-6641-2	34,000 円
936	英国地方制度 及 税法	髙橋達	ISBN978-4-7972-6642-9	20,000 円
937	日本法典全書 第一編 府県制郡制註釈	上條慎蔵、坪谷善四郎	ISBN978-4-7972-6643-6	58,000 円
938	判例挿入 自治法規全集 全	池田繁太郎	ISBN978-4-7972-6644-3	82,000 円
939	比較研究 自治之精髄	水野錬太郎	ISBN978-4-7972-6645-0	22,000 円
940	傍訓註釈 市制町村制 並ニ 理由書〔第三版〕	筒井時治	ISBN978-4-7972-6646-7	46,000 円
941	以呂波引町村便覧	田山宗堯	ISBN978-4-7972-6647-4	37,000 円
942	町村制執務要録 全	鷹巣清二郎	ISBN978-4-7972-6648-1	46,000 円
943	地方自治 及 振興策	床次竹二郎	ISBN978-4-7972-6649-8	30,000 円
944	地方自治講話	田中四郎左衛門	ISBN978-4-7972-6650-4	36,000 円
945	地方施設改良 訓諭演説集〔第六版〕	鹽川玉江	ISBN978-4-7972-6651-1	40,000 円
946	帝国地方自治団体発達史〔第三版〕	佐藤亀齢	ISBN978-4-7972-6652-8	48,000 円
947	農村自治	小橋一太	ISBN978-4-7972-6653-5	34,000 円
948	国税 地方税 市町村税 滞納処分法問答	竹尾高堅	ISBN978-4-7972-6654-2	28,000 円
949	市町村役場実用 完	福井淳	ISBN978-4-7972-6655-9	40,000 円

別巻　巻数順一覧【878～914巻】

巻数	書名	編・著者	ISBN	本体価格
878	明治史第六編 政黨史	博文館編輯局	ISBN978-4-7972-7180-5	42,000円
879	日本政黨發達史 全〔第一分冊〕	上野熊藏	ISBN978-4-7972-7181-2	50,000円
880	日本政黨發達史 全〔第二分冊〕	上野熊藏	ISBN978-4-7972-7182-9	50,000円
881	政党論	梶原保人	ISBN978-4-7972-7184-3	30,000円
882	獨逸新民法商法正文	古川五郎、山口弘一	ISBN978-4-7972-7185-0	90,000円
883	日本民法鼇頭對比獨逸民法	荒波正隆	ISBN978-4-7972-7186-7	40,000円
884	泰西立憲國政治攬要	荒井泰治	ISBN978-4-7972-7187-4	30,000円
885	改正衆議院議員選擧法釋義 全	福岡伯、横田左仲	ISBN978-4-7972-7188-1	42,000円
886	改正衆議院議員選擧法釋義 附 改正貴族院令,治安維持法	犀川長作、犀川久平	ISBN978-4-7972-7189-8	33,000円
887	公民必携 選擧法規ト判決例	大浦兼武、平沼騏一郎、木下友三郎、清水澄、三浦數平	ISBN978-4-7972-7190-4	96,000円
888	衆議院議員選擧法輯覽	司法省刑事局	ISBN978-4-7972-7191-1	53,000円
889	行政司法選擧判例總覽―行政救濟と其手續―	澤田竹治郎・川崎秀男	ISBN978-4-7972-7192-8	72,000円
890	日本親族相續法義解 全	髙橋捨六・堀田馬三	ISBN978-4-7972-7193-5	45,000円
891	普通選擧文書集成	山中秀男・岩本溫良	ISBN978-4-7972-7194-2	85,000円
892	普選の勝者 代議士月旦	大石末吉	ISBN978-4-7972-7195-9	60,000円
893	刑法註釋 巻一～巻四(上巻)	村田保	ISBN978-4-7972-7196-6	58,000円
894	刑法註釋 巻五～巻八(下巻)	村田保	ISBN978-4-7972-7197-3	50,000円
895	治罪法註釋 巻一～巻四(上巻)	村田保	ISBN978-4-7972-7198-0	50,000円
896	治罪法註釋 巻五～巻八(下巻)	村田保	ISBN978-4-7972-7198-0	50,000円
897	議會選擧法	カール・ブラウニアス、國政研究科會	ISBN978-4-7972-7201-7	42,000円
901	鼇頭註釈 町村制　附 理由 全	八乙女盛次、片野続	ISBN978-4-7972-6607-8	28,000円
902	改正 市制町村制　附 改正要義	田山宗堯	ISBN978-4-7972-6608-5	28,000円
903	増補訂正 町村制詳解〔第十五版〕	長峰安三郎、三浦通太、野田千太郎	ISBN978-4-7972-6609-2	52,000円
904	市制町村制 並 理由書　附 直接間接税類別及実施手続	高崎修助	ISBN978-4-7972-6610-8	20,000円
905	町村制要義	河野正義	ISBN978-4-7972-6611-5	28,000円
906	改正 市制町村制義解〔帝國地方行政学会〕	川村芳次	ISBN978-4-7972-6612-2	60,000円
907	市制町村制 及 関係法令〔第三版〕	野田千太郎	ISBN978-4-7972-6613-9	35,000円
908	市町村新旧対照一覧	中村芳松	ISBN978-4-7972-6614-6	38,000円
909	改正 府県郡制問答講義	木内英雄	ISBN978-4-7972-6615-3	28,000円
910	地方自治提要 全　附 諸届願書式 日用規則抄録	木村時義、吉武則久	ISBN978-4-7972-6616-0	56,000円
911	訂正増補 市町村制問答詳解　附 理由及追輯	福井淳	ISBN978-4-7972-6617-7	70,000円
912	改正 府県制郡制註釈〔第三版〕	福井淳	ISBN978-4-7972-6618-4	34,000円
913	地方制度実例総覧〔第七版〕	自治館編輯局	ISBN978-4-7972-6619-1	78,000円
914	英国地方政治論	ジョージ・チャールズ・ブロドリック、久米金彌	ISBN978-4-7972-6620-7	30,000円